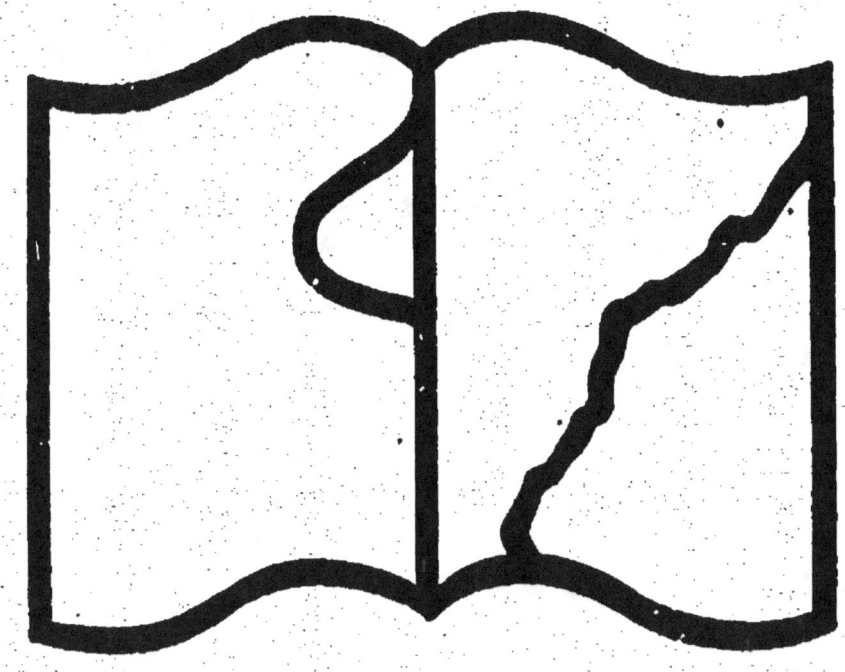

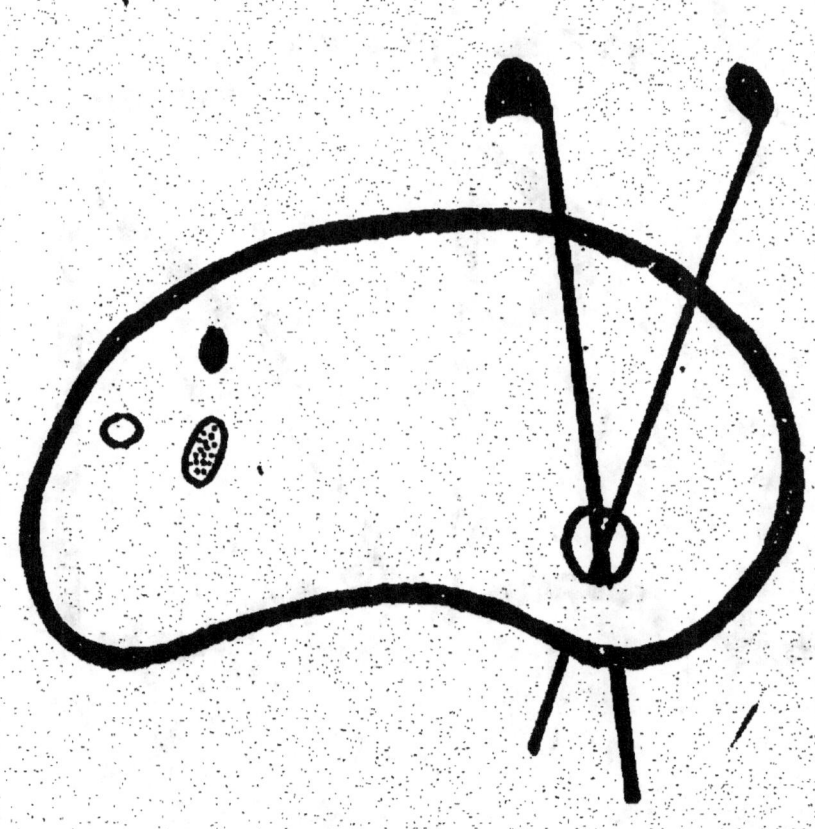

COUVERTURE SUPERIEURE ET INFERIEURE
EN COULEUR

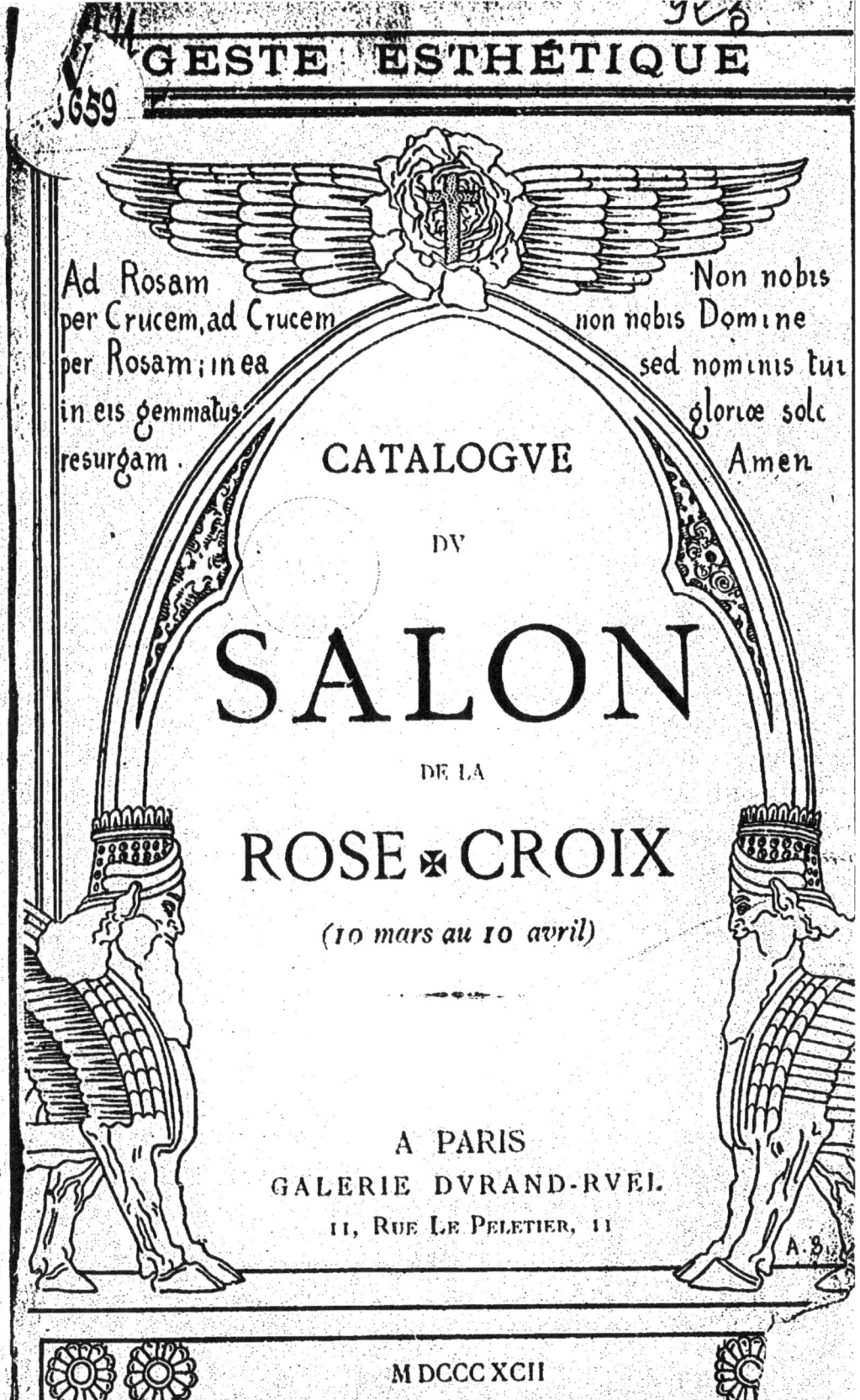

Ad Rosam
per Crucem, ad Crucem
per Rosam; in ea
in eis gemmatus
resurgam.

Non nobis
non nobis Domine
sed nominis tui
gloriæ soli
Amen

CATALOGVE

DV

SALON

DE LA

ROSE ✠ CROIX

(10 mars au 10 avril)

A PARIS
GALERIE DVRAND-RVEL
11, RUE LE PELETIER, 11

MDCCCXCII

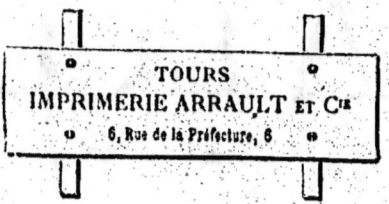

TOURS
IMPRIMERIE ARRAULT ET Cᴵᴱ
6, Rue de la Préfecture, 6

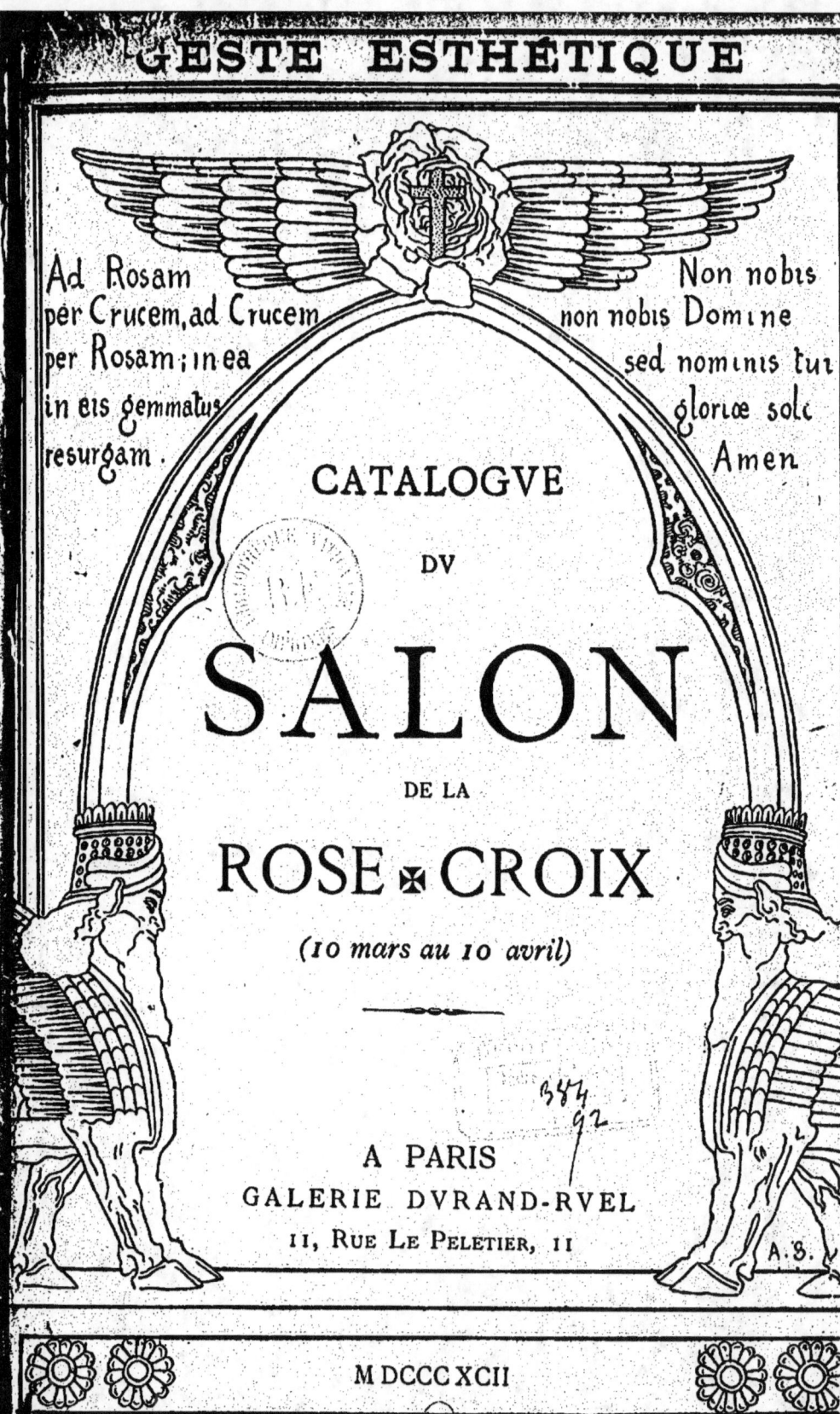

GESTE ESTHÉTIQUE

Ad Rosam
per Crucem, ad Crucem
per Rosam; in ea
in eis gemmatus
resurgam

Non nobis
non nobis Domine
sed nominis tui
gloriæ soli
Amen

CATALOGVE

DV

SALON

DE LA

ROSE ✠ CROIX

(10 mars au 10 avril)

A PARIS
GALERIE DVRAND-RVEL
11, RUE LE PELETIER, 11

MDCCCXCII

ORDRE DE LA ROSE ✠ CROIX DU TEMPLE

GESTE ESTHÉTIQUE DE 1892

SALON ET SOIRÉES

CATALOGUE ILLUSTRÉ DU SALON

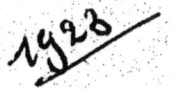

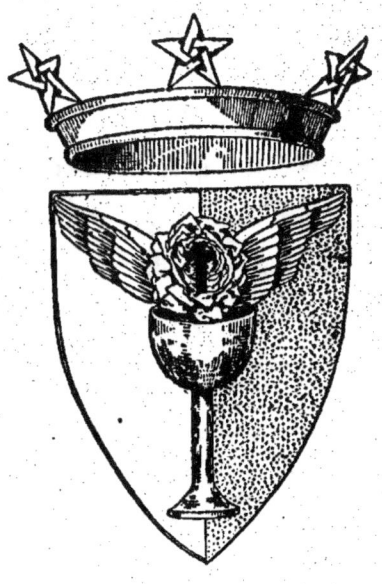

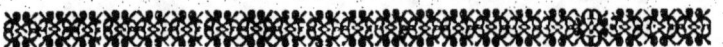

EXTRAITS DE LA RÈGLE

Le Salon de la Rose ✠ Croix s'ouvrira pour les invités le *10 Mars* *à 10 heures du matin* et fermera *le 9 Avril à 6 heures du soir.*

Le premier jour public (11 mars) et le dernier (9 avril), l'entrée est de **20 fr.** Les autres jours, l'entrée sera de **2 fr.** avant midi et de **1 fr.** après midi, sauf le vendredi à **5 fr.** et le dimanche à **0 fr. 50.**

On délivre un abonnement au prix de **100 francs** qui permet d'amener deux dames.

Pour les Soirées, dont le prix unique est de **20 fr.** la **place**, voir l'annexe du présent Catalogue et les programmes spéciaux qui seront publiés.

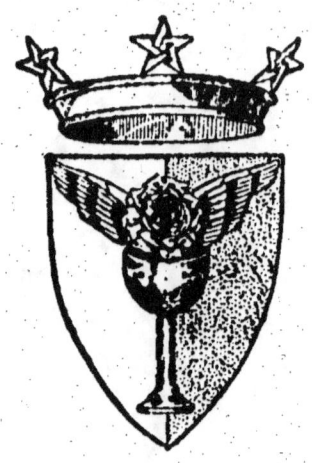

RTISTE, *tu es prêtre : l'Art est le grand mystère, et lorsque ton effort aboutit au chef-d'œuvre, un rayon du divin descend comme sur un autel. O présence réelle* de la divinité resplendissante sous ces noms suprêmes : *Vinci, Raphael, Michel-Ange, Beethoven et Wagner.*

Artiste, tu es roi : l'Art est l'empire véritable ; Lorsque ta main écrit une ligne parfaite, les chérubins eux-mêmes descendent s'y complaire comme dans un miroir.

Spirituel dessin, ligne d'âme, forme d'entendement, tu donnes le corps à nos rêves, Samothrace et saint Jean, Sixtine et Cenacolo, saint Ouen, Parsifal, Neuvième, Symphonie, Notre-Dame.

Artiste, tu es mage : l'Art est le grand miracle et prouve notre immortalité.

Qui doute encore? Le Giotto a touché les stigmates, la Vierge est apparue à Fra Angelico ; et Rembrandt a prouvé la résurrection de Lazare.

Réplique absolue aux arguties pédantes, on doute de Moïse, mais voici Michel-Ange; on méconnaît Jésus, mais voilà Léonard ; on laïcise tout, mais l'Art immuable et sacré continue sa prière.

Sublimité indicible et sereine, saint Graal toujours rayonnant, ostensoir et relique, oriflamme invaincu, Art tout puissant, Art Dieu, je t'adore à genoux, dernier reflet d'En Haut sur notre putrescence.

Les rois hébétés et sordides, devenus citoyens, achèvent de mourir sur le pavé des villes où leur race a régné.

Les nobles heaument leur blason du bonnet de septembre, ils courtisent le peuple, ou bien, stupides, se complaisent aux choses d'écurie.

Les prêtres ont accepté de revêtir la livrée homicide; où sont donc les insermentés?

Tout est pourri, tout est fini, la décadence lézarde et fait trembler l'édifice latin : et la croix esseulée n'a plus même auprès d'elle l'épée des Guise, le fusil d'un chouan. Pleure, Grégoire VII, ô pape gigantesque, toi qui eus tout sauvé, pleure du haut du ciel sur ton

Eglise enténébrée, et toi, vieux Dante, lève-toi de ton trône de gloire, Homère catholique, et mêle ta colère au désespoir du Buonarotti.

Une lueur pourtant de la sainte lumière, une pâle couleur a paru, se fonçant... voici que le gibet du saint supplice s'étoile d'une fleur.

Miracle, miracle, une rose s'élève et s'ouvre grandissante, s'efforçant d'enserrer en ses feuilles pieuses la croix divine du salut : et la croix consolée resplendit, Jésus n'a pas maudit ce monde, Jésus reçoit l'adoration de l'Art.

Les Mages les premiers vinrent au divin Maître, les Mages les derniers resteront ses enfants.

L'enthousiasme auguste de l'artiste survit à la piété éteinte d'autrefois.

Misérables modernes, votre course au néant est fatale ; tombez sous le poids de votre indignité : vos blasphèmes jamais n'effaceront la foi des œuvres ô stériles !

Vous pourrez quelque jour fermer l'Eglise, mais le musée ? le Louvre officiera, si Notre-Dame est profanée.

Oui, le Strauss a nié, mais Parsifal affirme ; et l'archange de Franck de sa sublime voix a couvert le commérage impie du Renan.

L'humanité, ô citoyens, ira toujours à la messe, quand le prêtre sera Bach, Beethoven, Palestrina : on ne peut pas athéiser l'orgue sublime.

Misérables modernes, vous ne vaincrez jamais ; car le saint Georges, ô monstre, l'éternel justicier, c'est le génie, et le beau toujours sera Dieu. Frères de tous les arts, je sonne ici l'appel guerrier ; formons une sainte milice pour le salut de l'idéalité.

Nous sommes peu contre tous, mais les anges sont notres.

Nous n'avons point de chefs, mais les vieux maîtres du haut du paradis, nous guideront vers Montsalvat.

Notre mission a commencé du jour où le blasphème devint roi ; qu'une chevalerie paraisse pour honorer et servir l'Idéal ; imparfaits et pécheurs, soyons au moins des preux ; que la rose des formes et des couleurs devienne le tabernacle admirable, et la croix rédemptrice s'y complaira.

O toi, qui hésites, mon frère, ne va pas te méprendre et confondre le feu de la Foi avec le cri du fanatique.

Cette Eglise si chère, la seule chose auguste de ce monde, bannit la Rose et croit son parfum dangereux.

Près d'elle, nous dressons le temple de Beauté ; nous œuvrerons aux échos des prières, émules, non rivaux, *différents, non pas divergents ; car l'artiste est un prêtre, un roi un mage ! car l'art est un mystère, le seul empire véritable, le grand miracle !*

Une lueur de la sainte lumière, une pâle couleur, a paru, se fonçant... voici que le gibet du saint supplice s'étoile d'une fleur.

Miracle ! miracle ! une rose s'élève et s'ouvre grandissante, s'efforçant d'enserrer en ses feuilles pieuses la croix divine du salut, et la croix consolée resplendit.

Jésus n'a pas maudit ce monde.

Jésus reçoit l'adoration de l'art.

L'enthousiasme auguste de l'artiste survit à la piété éteinte d'autrefois.

SAR PELADAN.

DESSINS

A l'heure du bon à tirer nous recevons encore des dessins; la nécessité de paraître pour le vernissage nous prive du plus grand nombre d'envois trop tardifs.

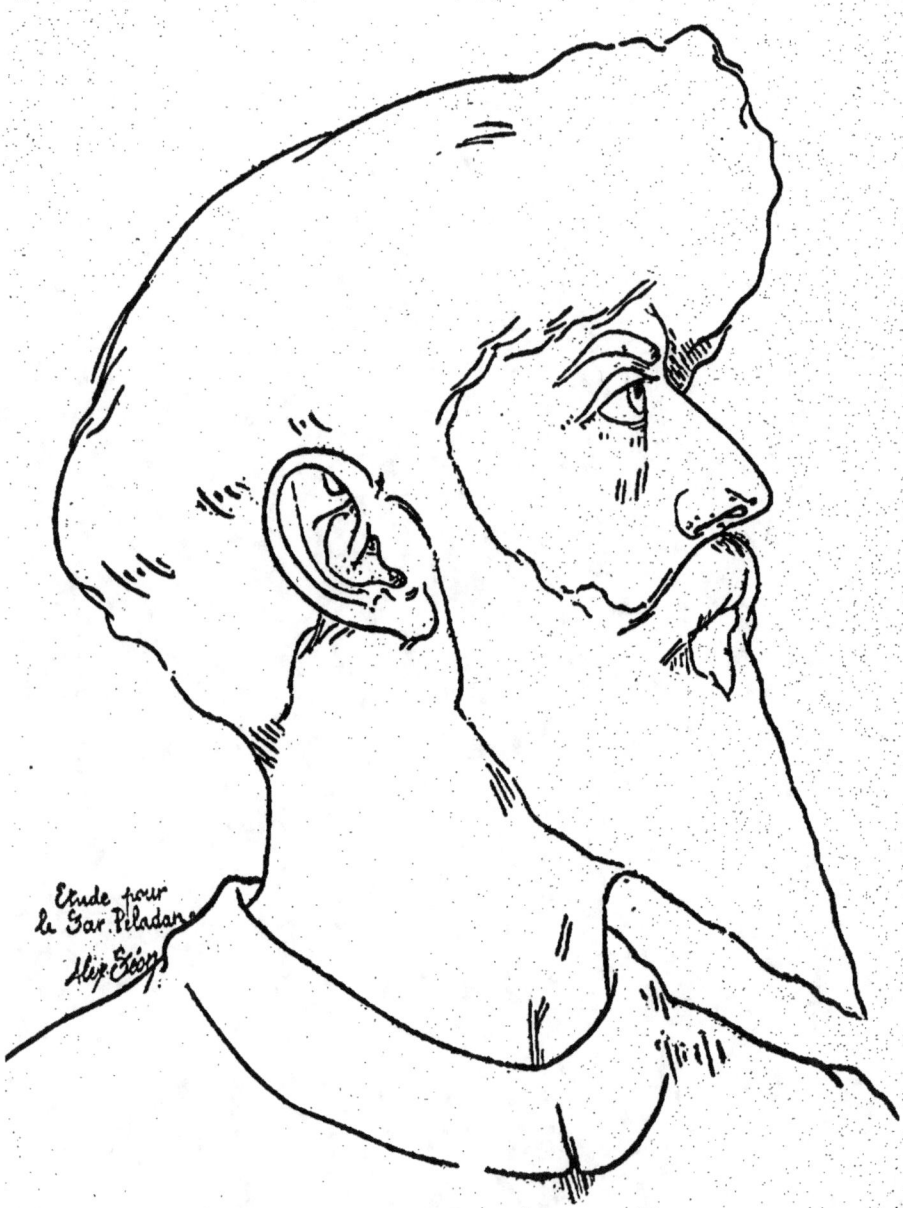

ALEXANDRE SÉON. — *Le Sar Mérodack Joséphin Peladan*
(Étude pour le portrait).

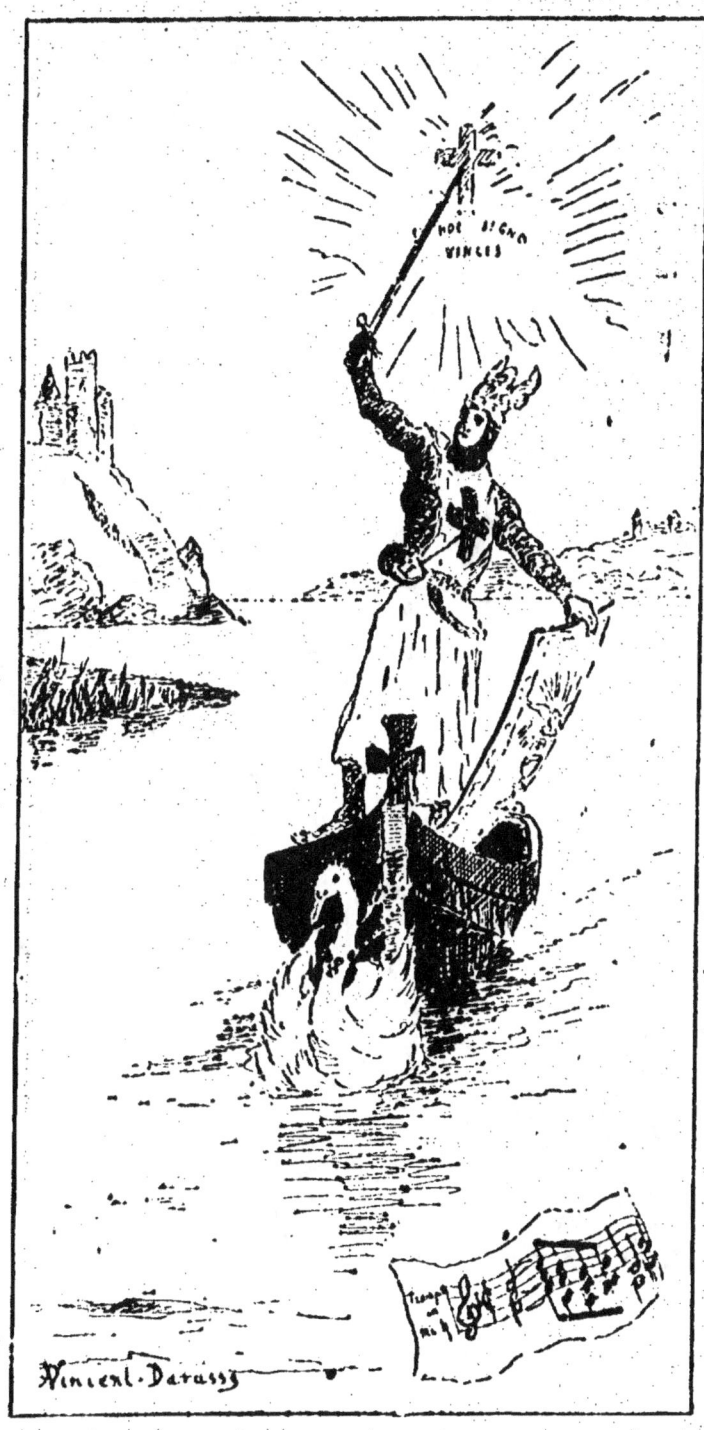

VINCENT DARASSE. — *Lohengrin.*

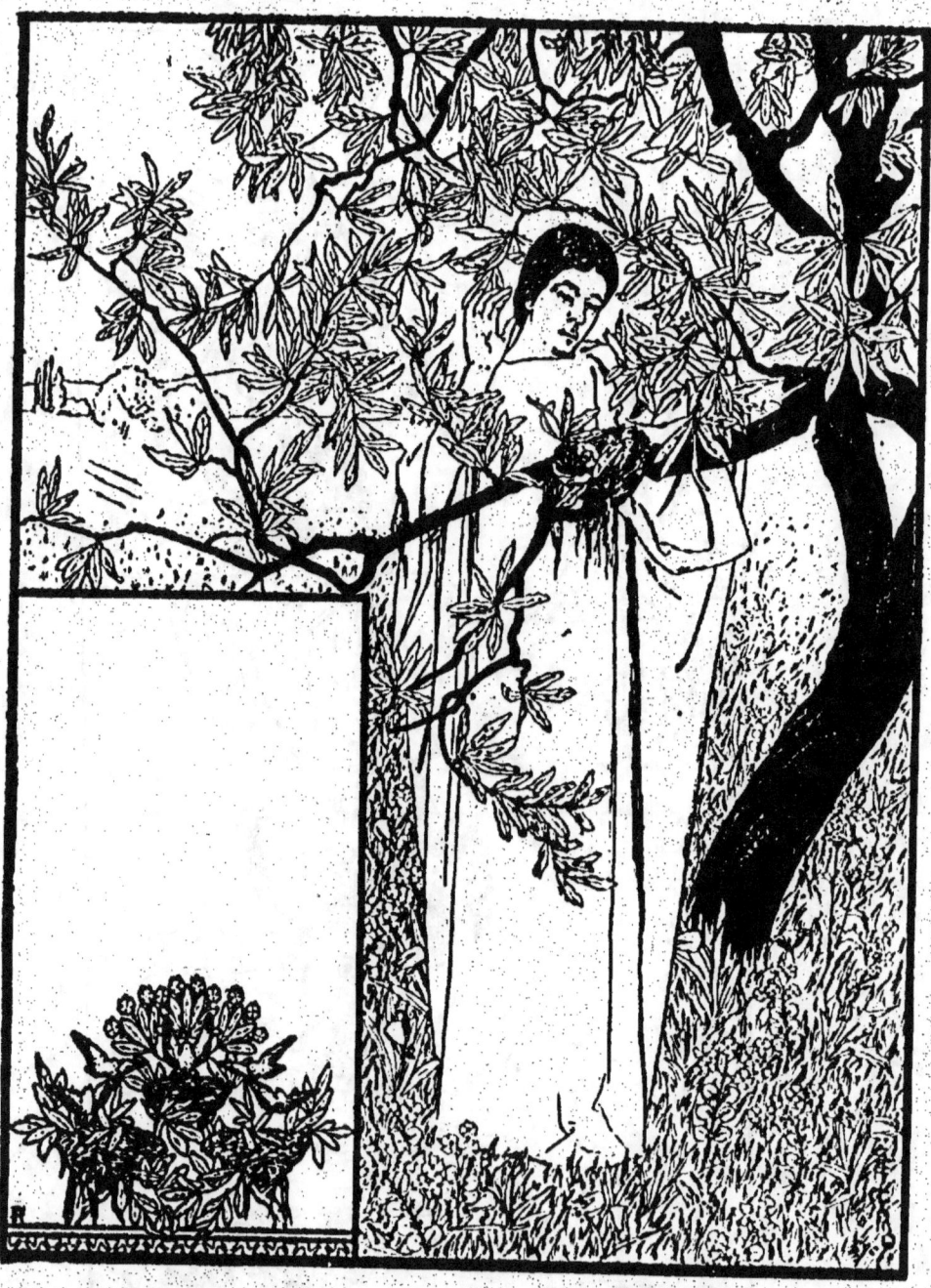

SCHAWBE (Carlos). — Composition pour l'*Évangile de l'Enfance*
(Extrait de la *Revue illustrée*. BASCHET, éditeur.)

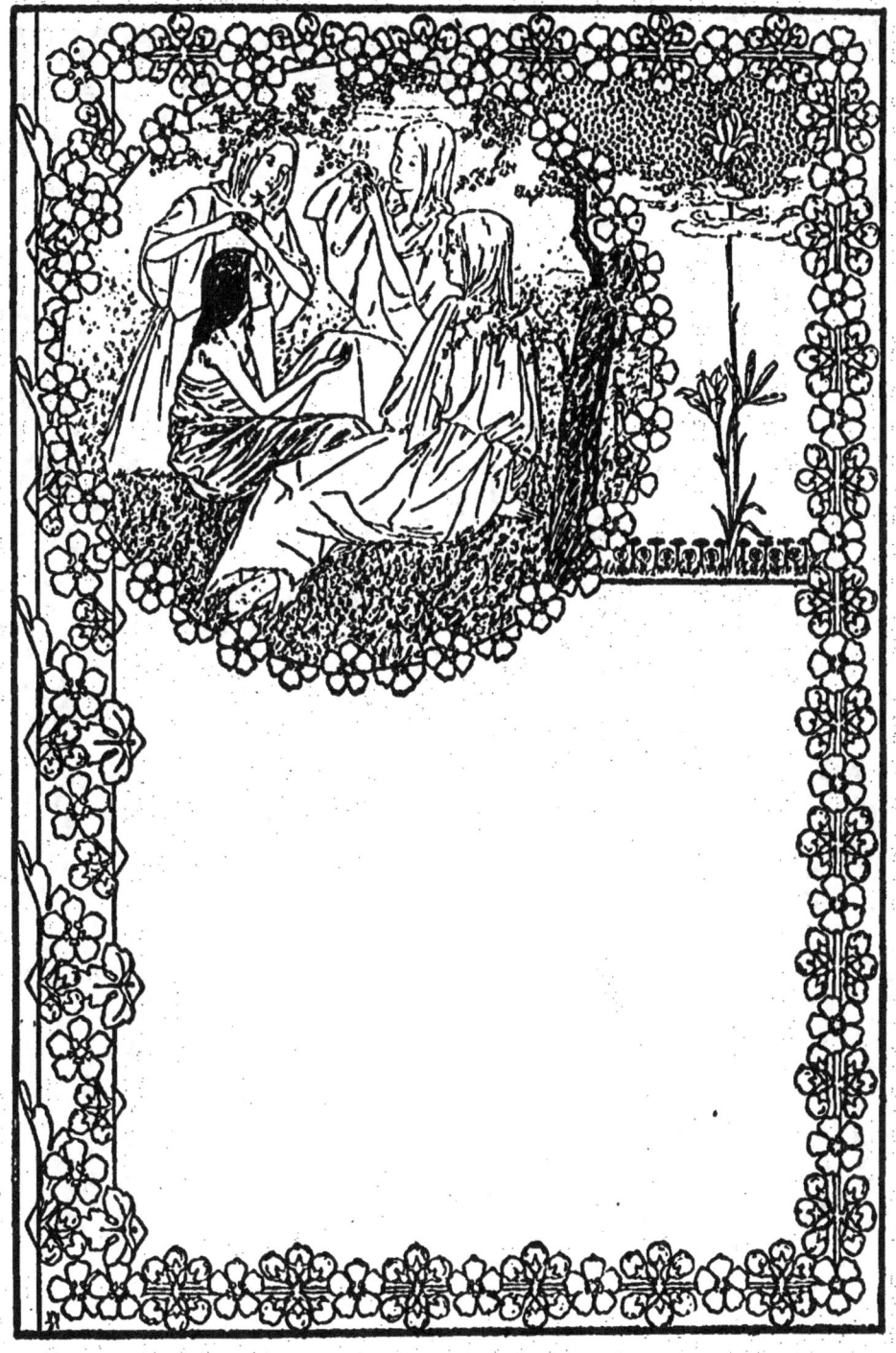

SCHAWBE (Carlos). — Composition pour l'*Évangile de l'Enfance*
(Extrait de la *Revue illustrée*. BASCHET, éditeur).

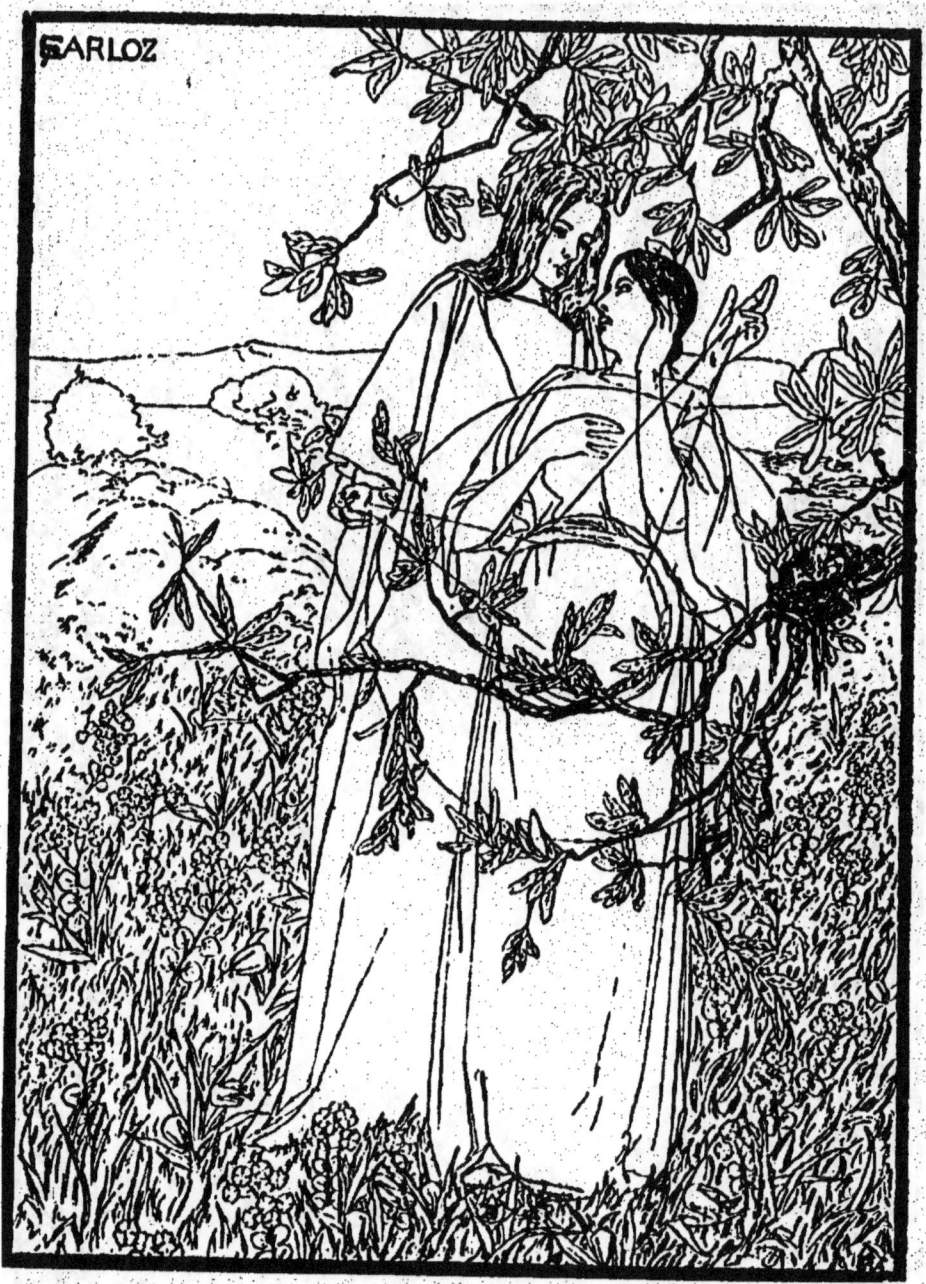

SCHAWBE (Carlos). — Composition pour l'*Évangile de l'Enfance*
(Extrait de la *Revue illustrée*. BASCHET, éditeur).

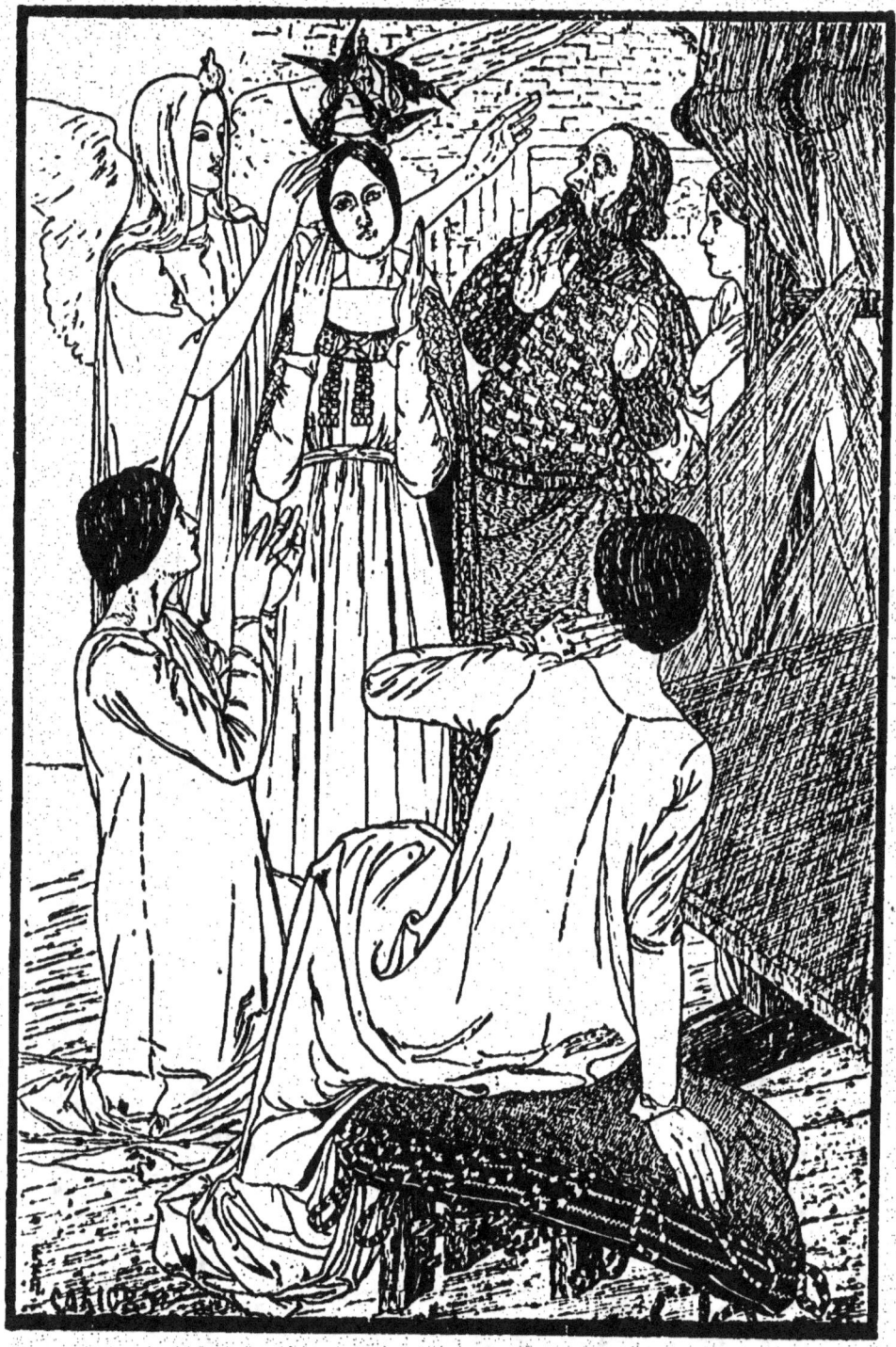

SCHAWBE (Carlos). — Composition pour l'*Évangile de l'Enfance*
(Extrait de la *Revue illustrée*. BASCHET, éditeur).

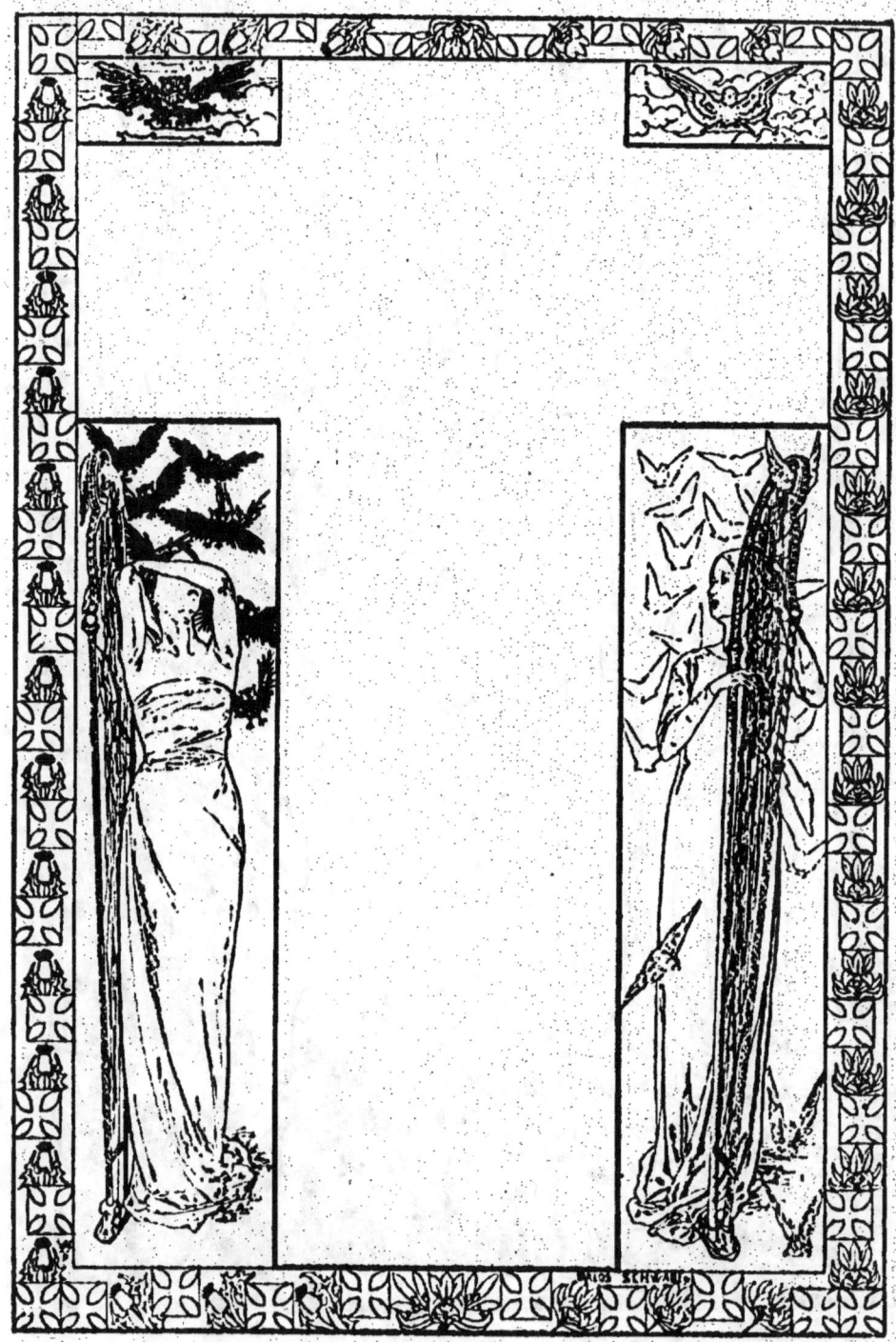

SCHAWBE (Carlos). — Composition pour l'*Évangile de l'Enfance*
(Extrait de la *Revue illustrée*. BASCHET, éditeur).

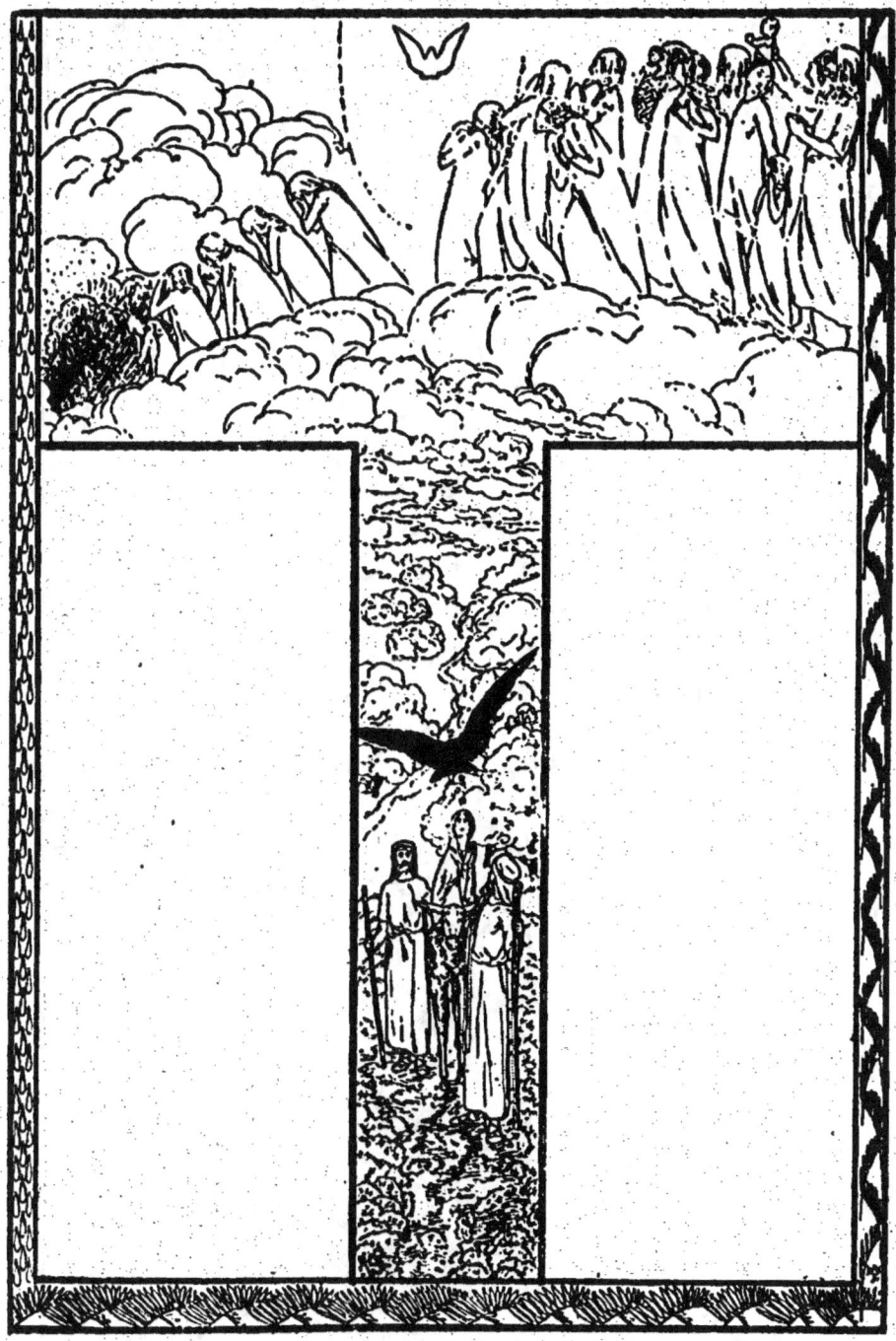

Schawbe (Carlos). — Composition pour l'*Évangile de l'Enfance*
(Extrait de la *Revue illustrée*. Baschet, éditeur).

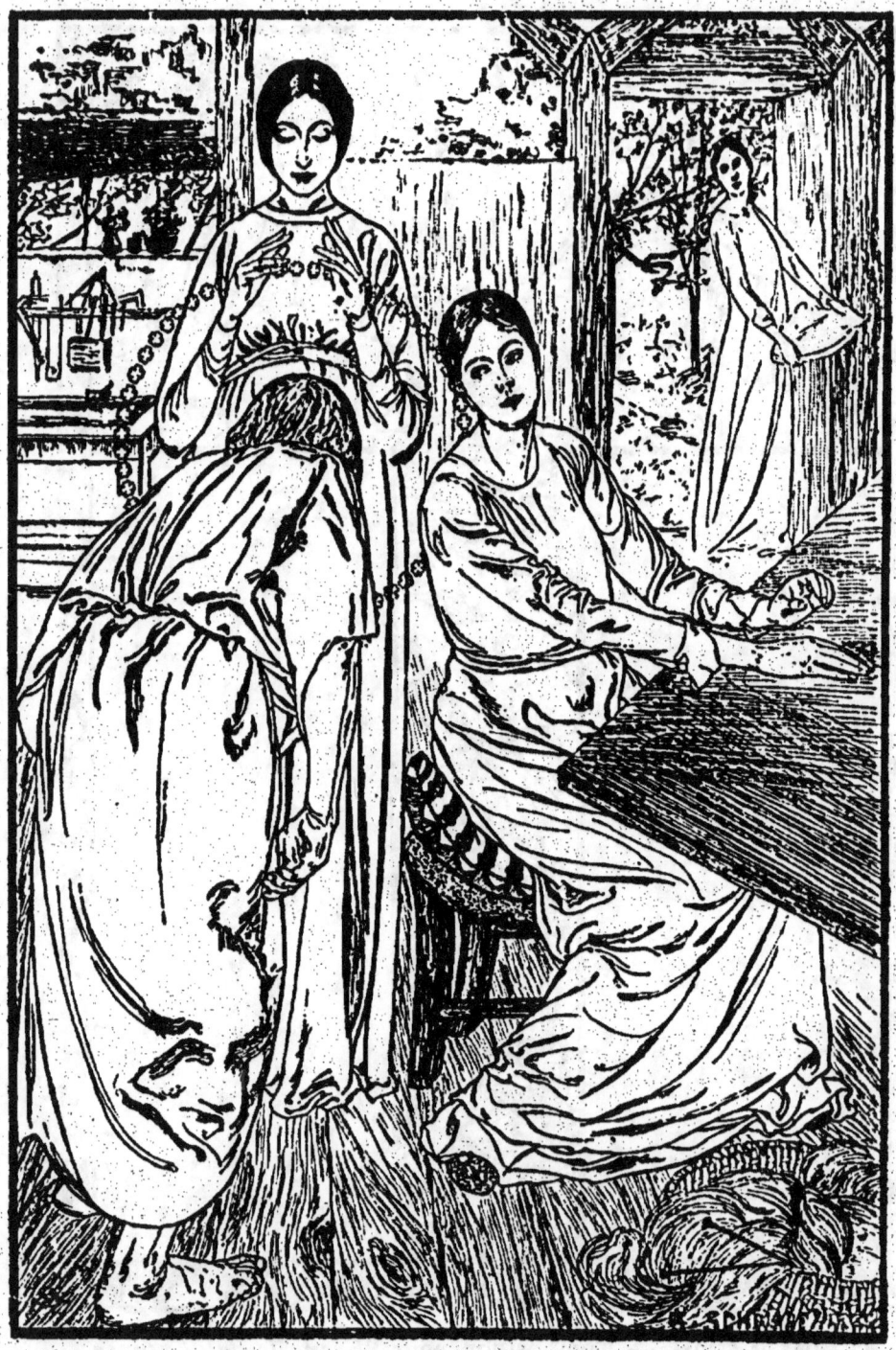

SCHAWBE (Carlos). — Composition pour l'*Evangile de l'Enfance*
(Extrait de la *Revue illustrée*. BASCHET, éditeur).

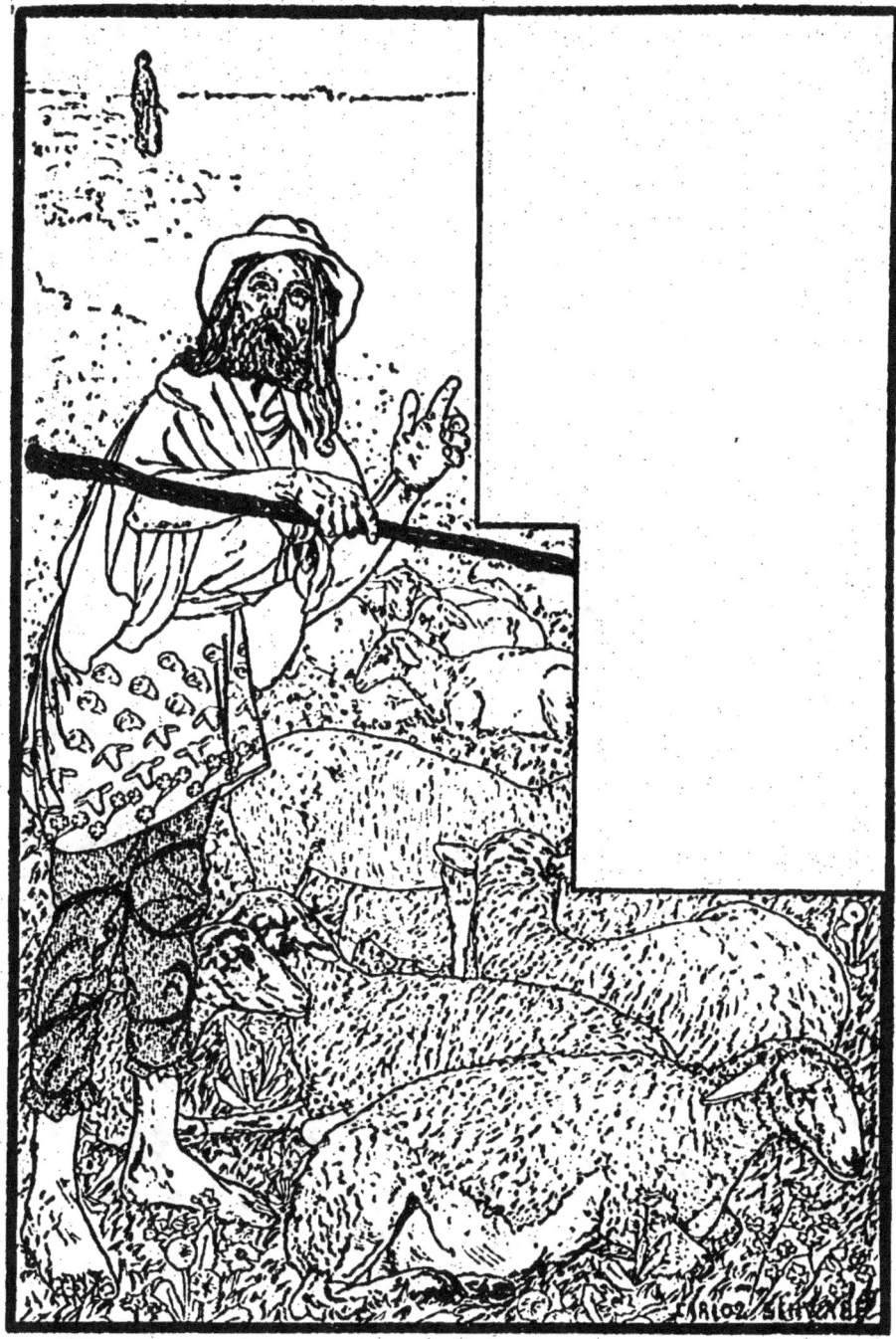

SCHAWBE (Carlos). — Composition pour l'*Evangile de l'Enfance*
(Extrait de la *Revue illustrée*. BASCHET, éditeur).

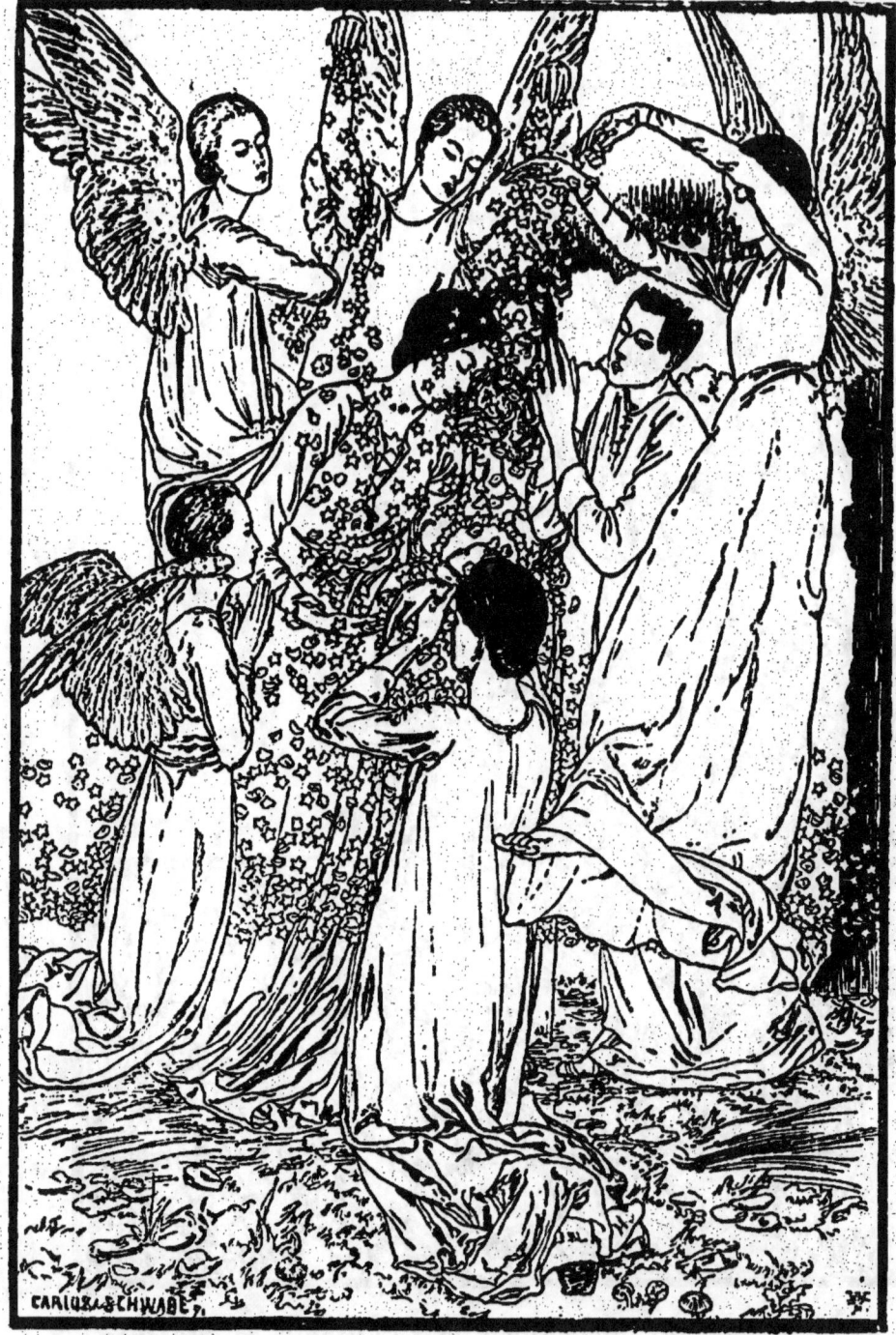

SCHAWBE (Carlos). — Composition pour l'*Évangile de l'Enfance*
(Extrait de la *Revue illustrée*. BASCHET, éditeur).

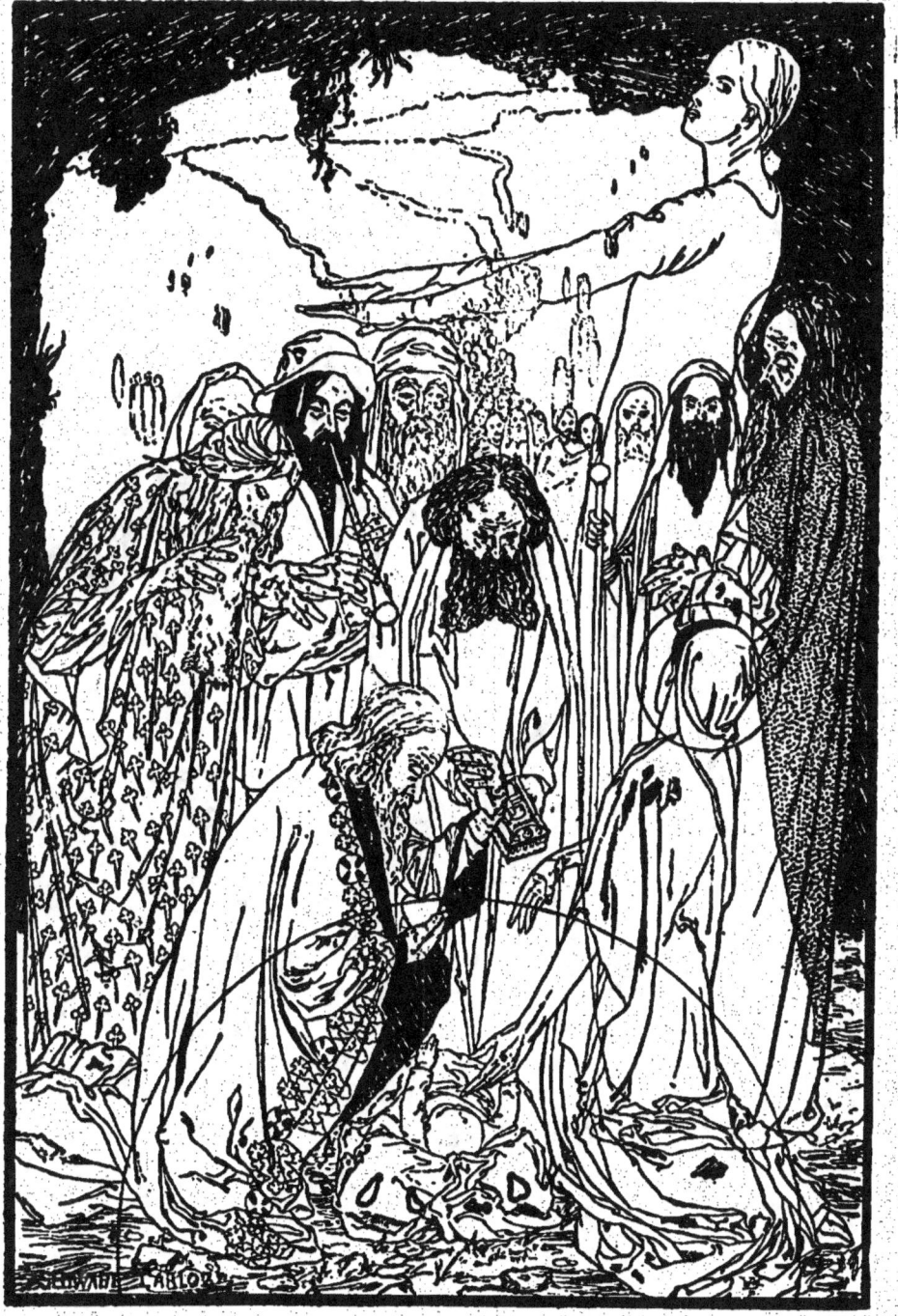

SCHAWBE (Carlos). — Composition pour l'*Évangile de l'Enfance*
(Extrait de la *Revue illustrée*. BASCHET, éditeur).

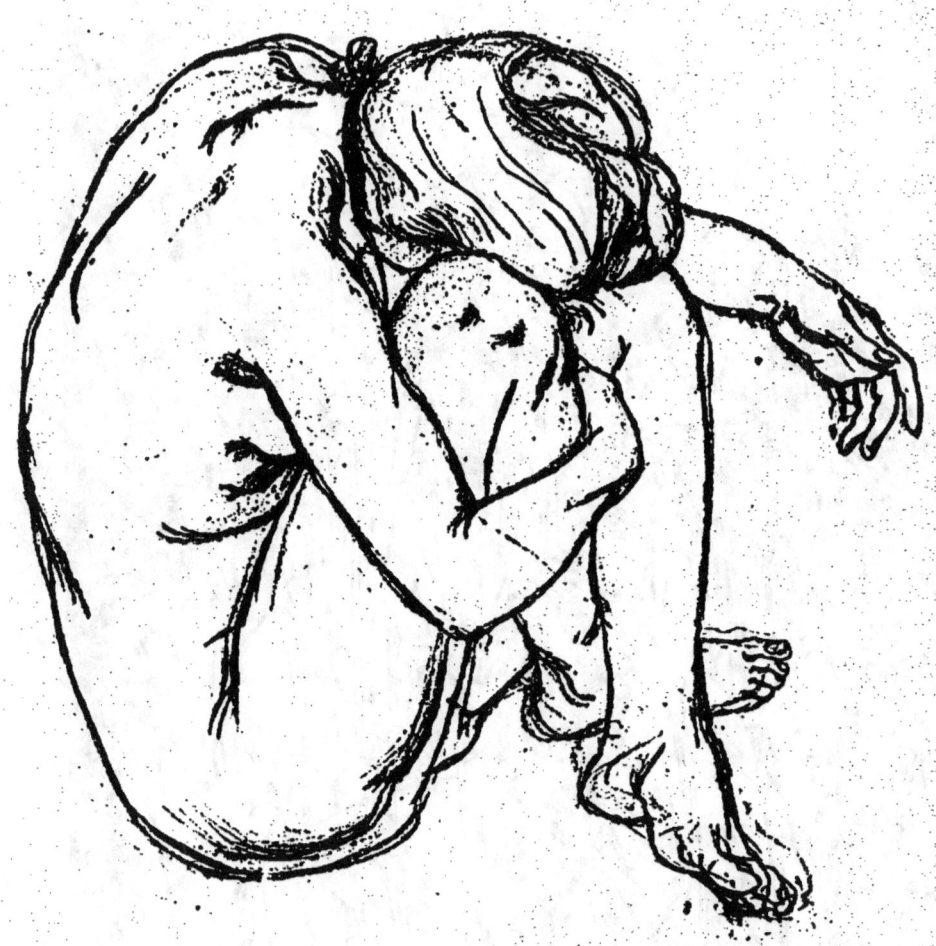

CARLOS. — *Étude.*

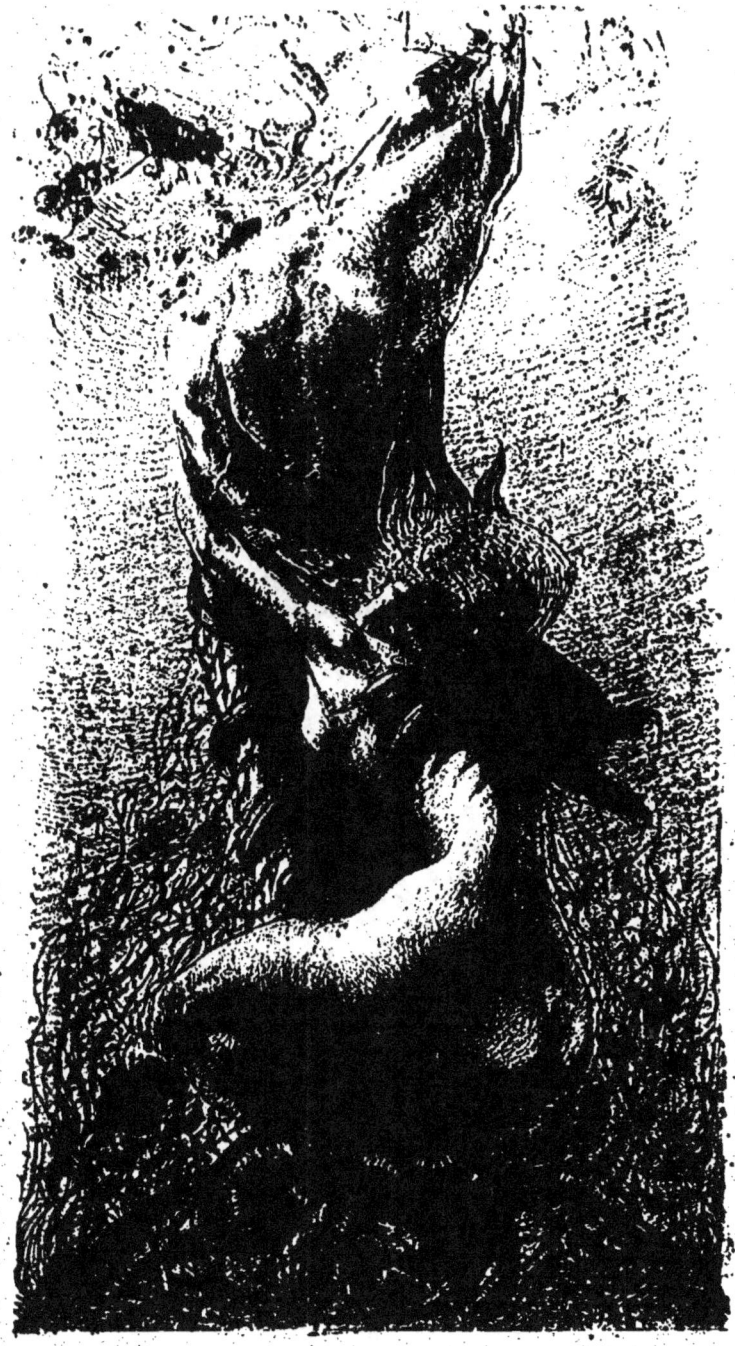

DELVILLE (Jean). — *Symbolisation de la Chair et de l'Esprit.*

Malval (Edouard de). — *Scène de l'Apocalypse.*

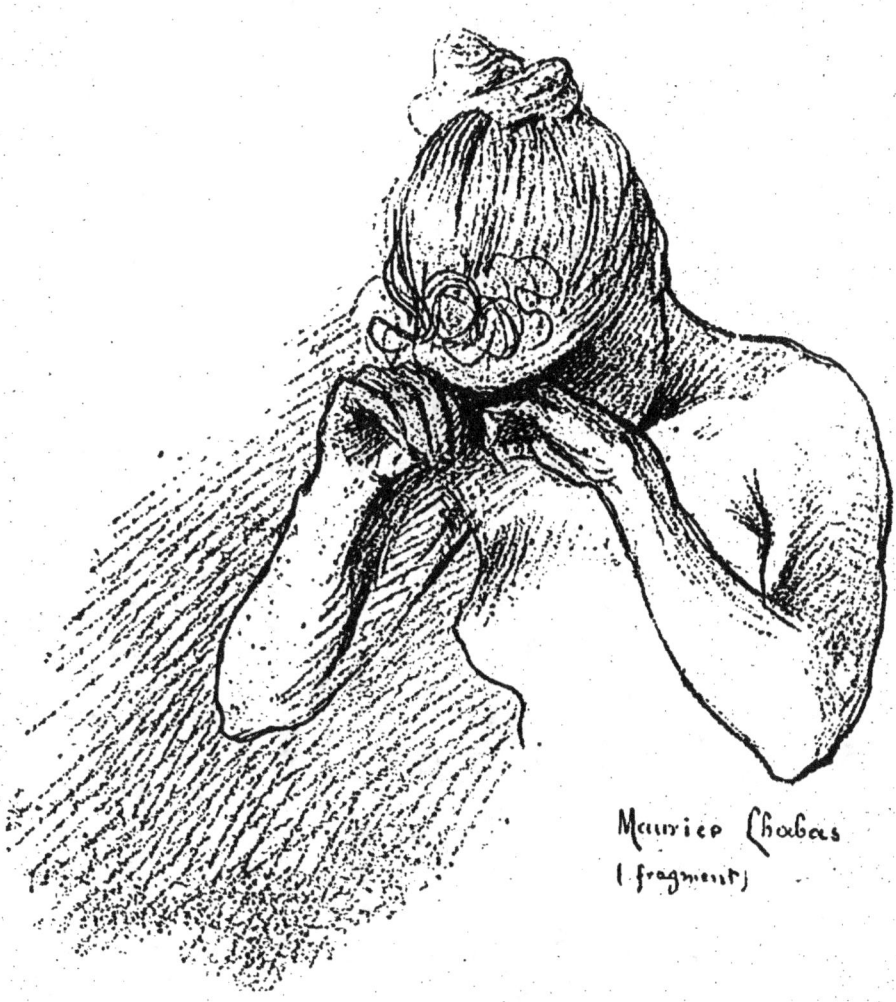

CHABAS (Maurice). — *Erraticité* (Fragment).

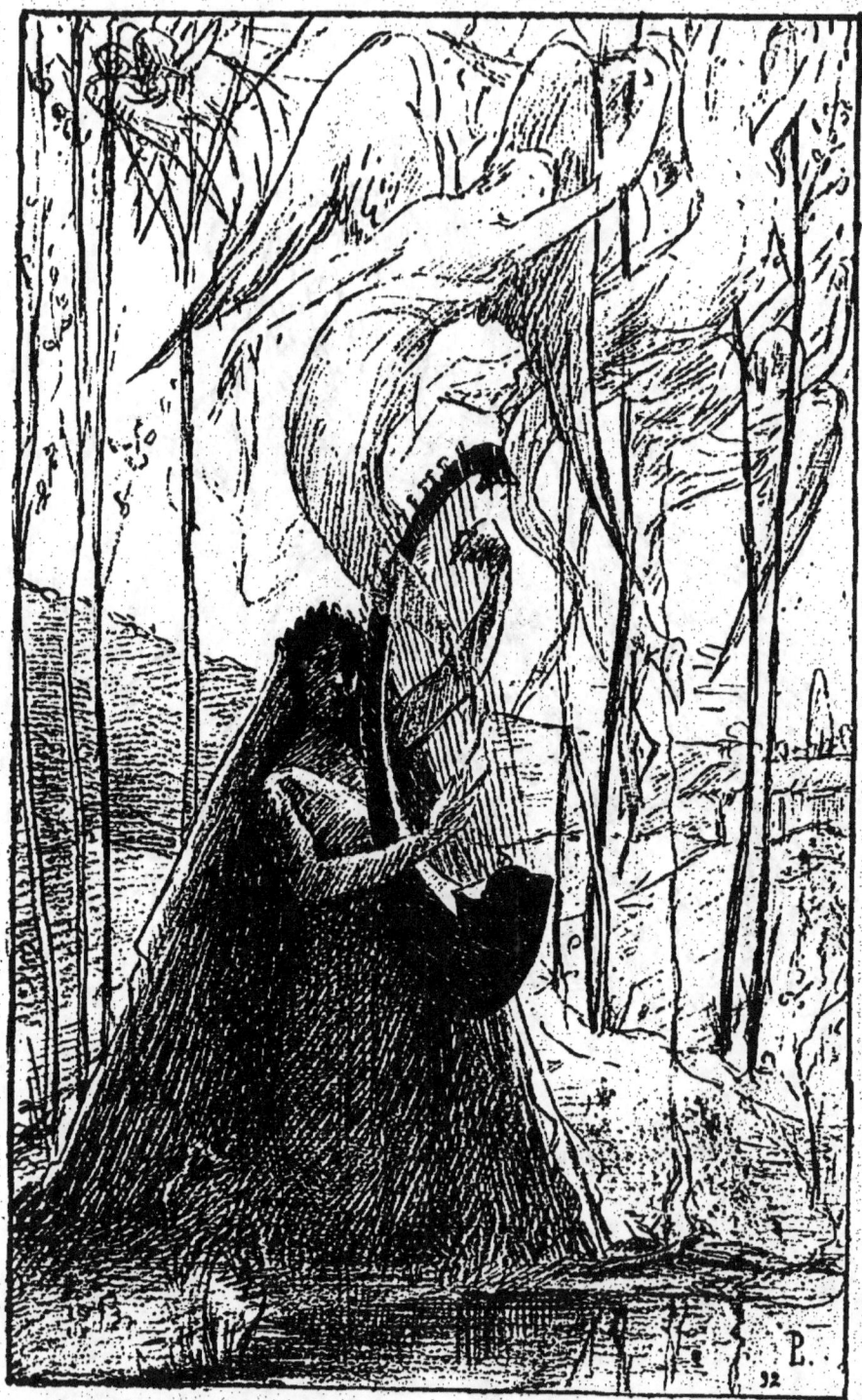

LEGRAND (Paul). — *Mélancolie.*

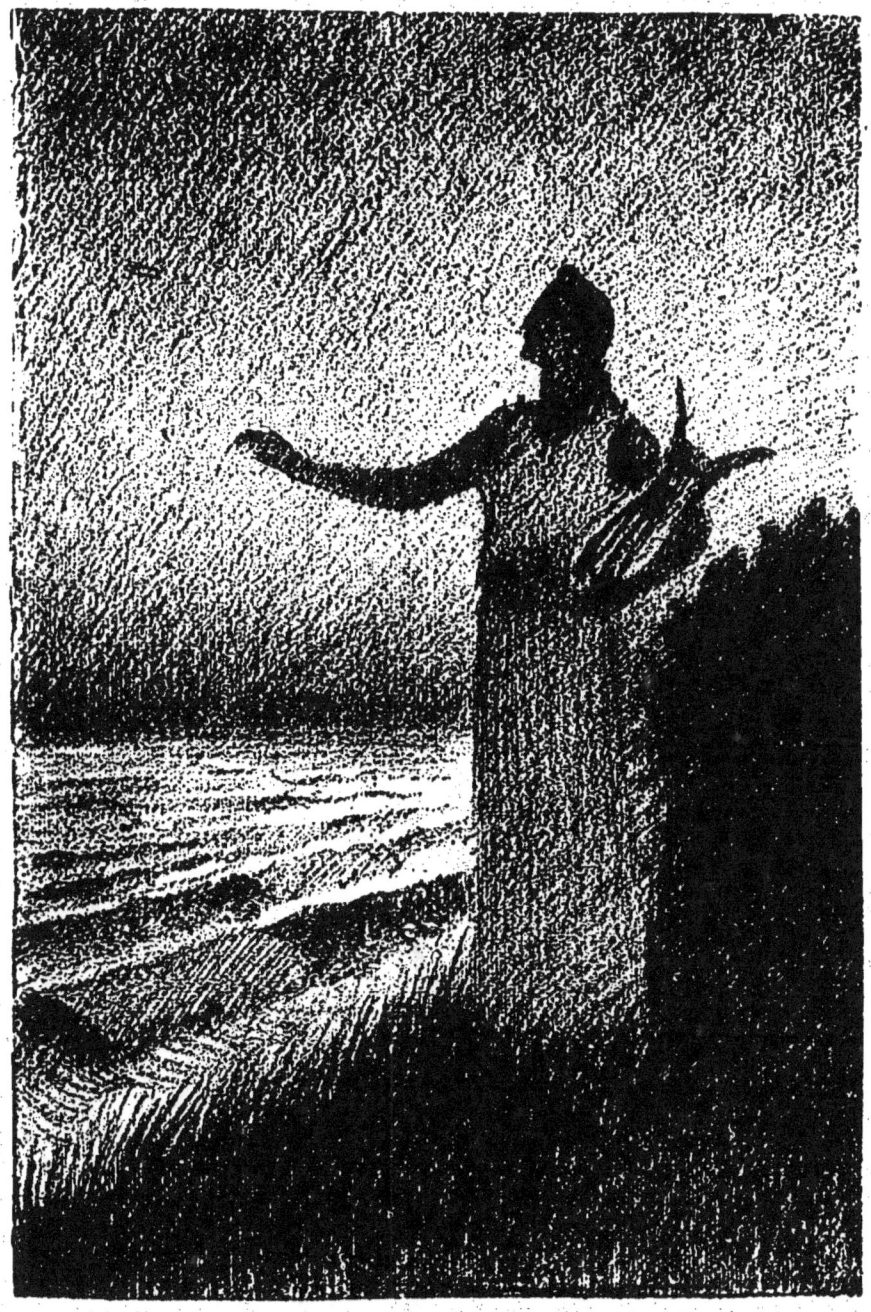

OSBERT (Alphonse). — *Hymne à la Mer.*

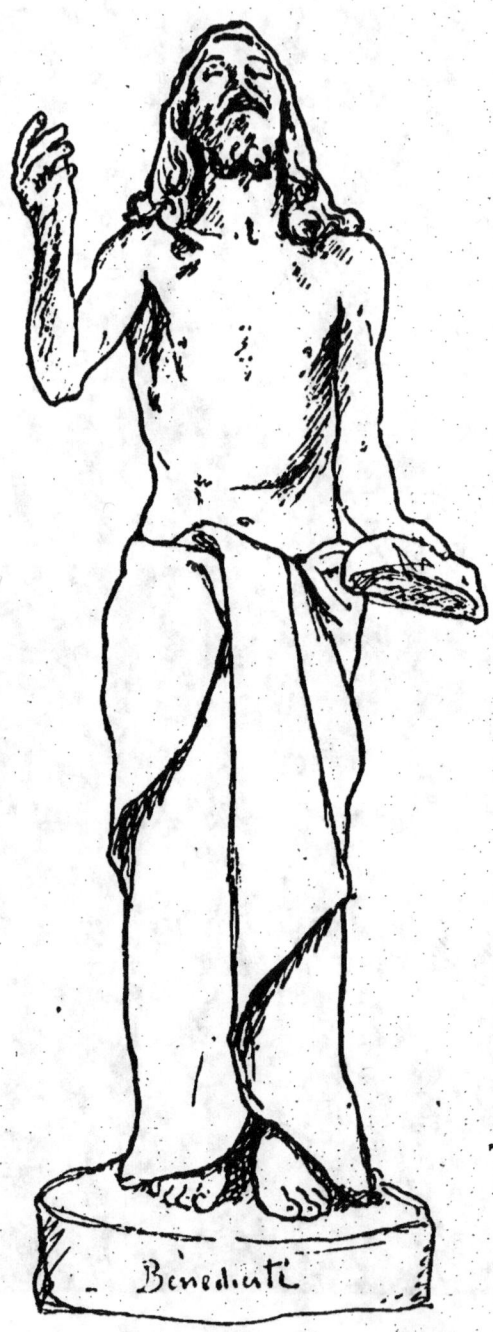

Dozzi (Tonetti). — *Bénédicité*.

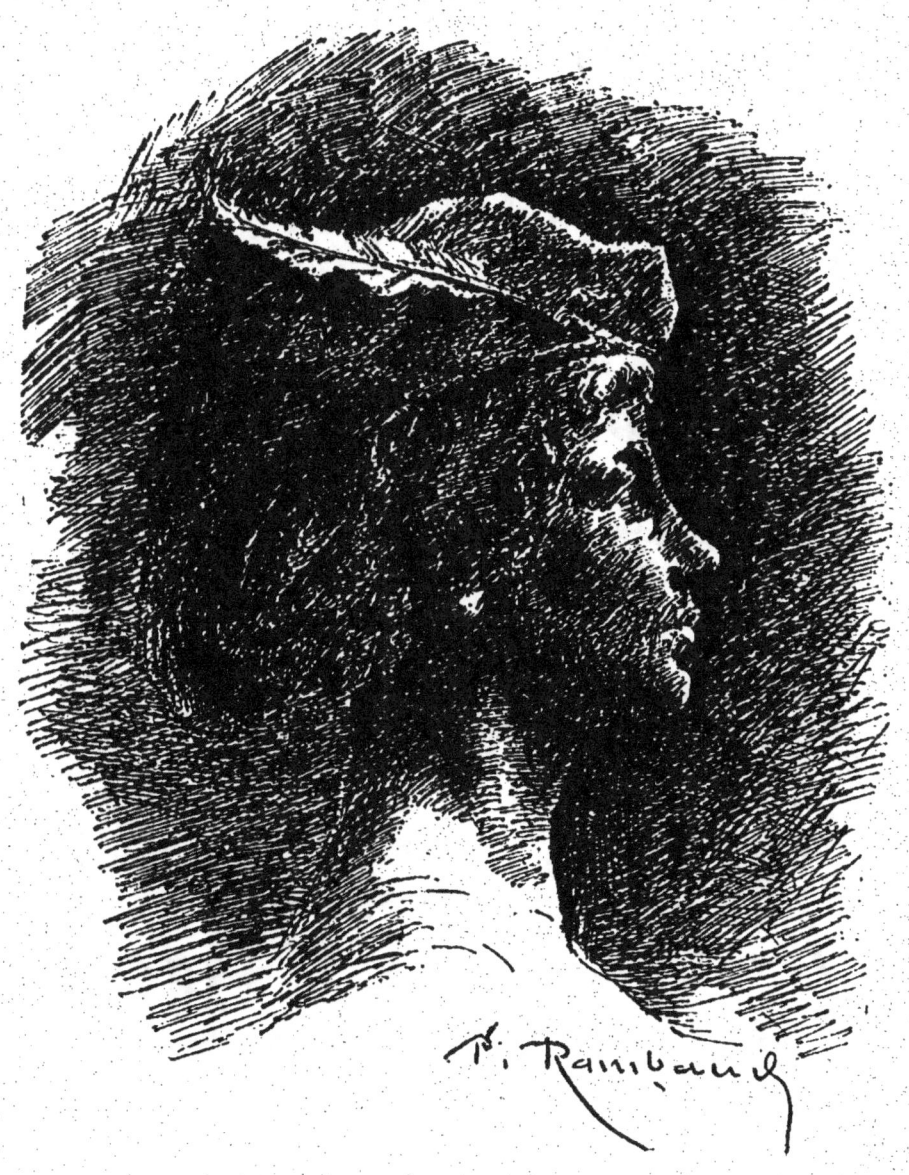

RAMBAUD (Pierre). — *Le Fils de Tell.*

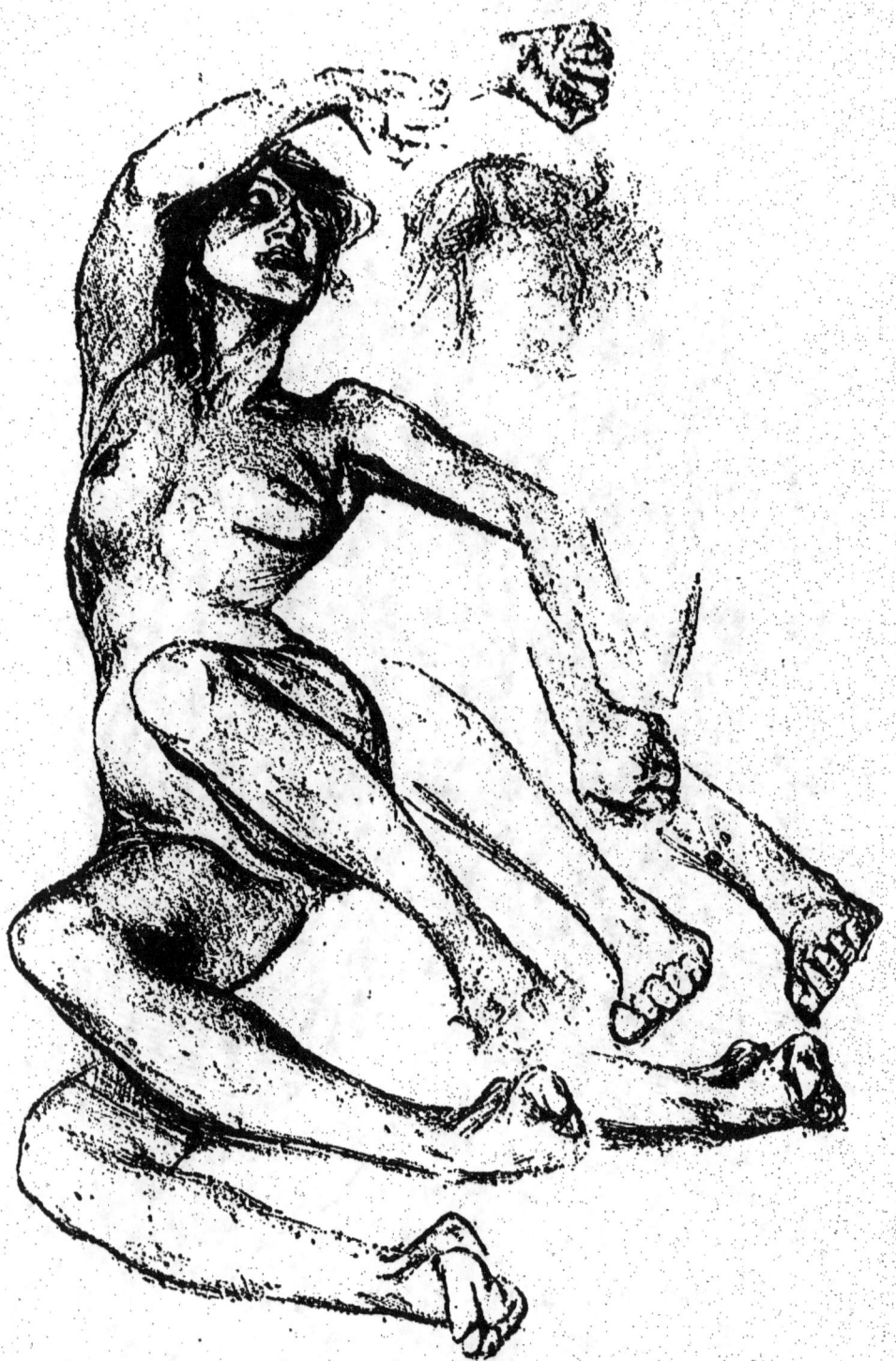

WAGNER (Théo). — *Félins.*

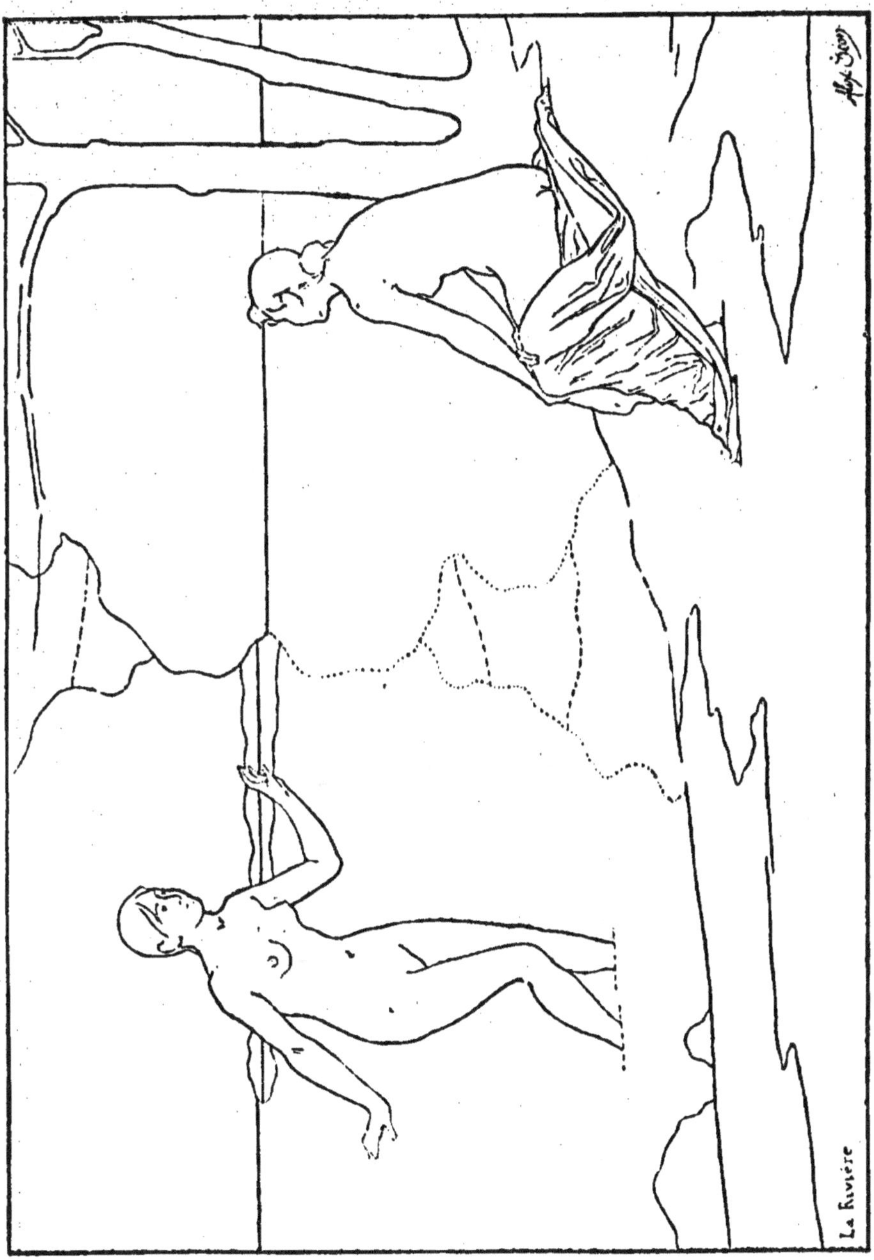

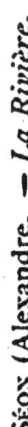

Séon (Alexandre. — *La Rivière.*

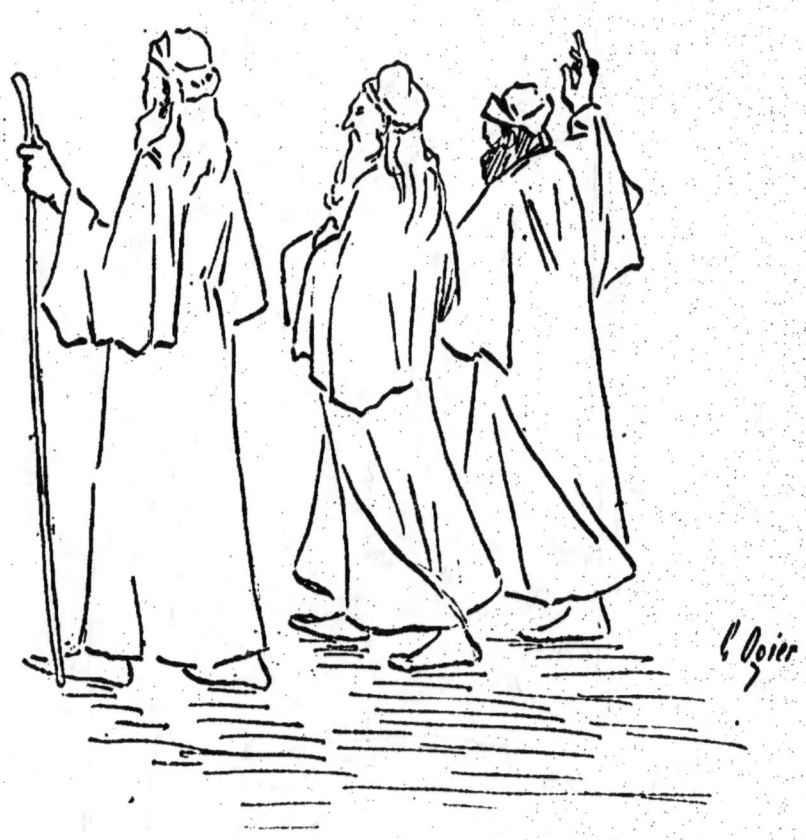

OGIER. — *Mages.*

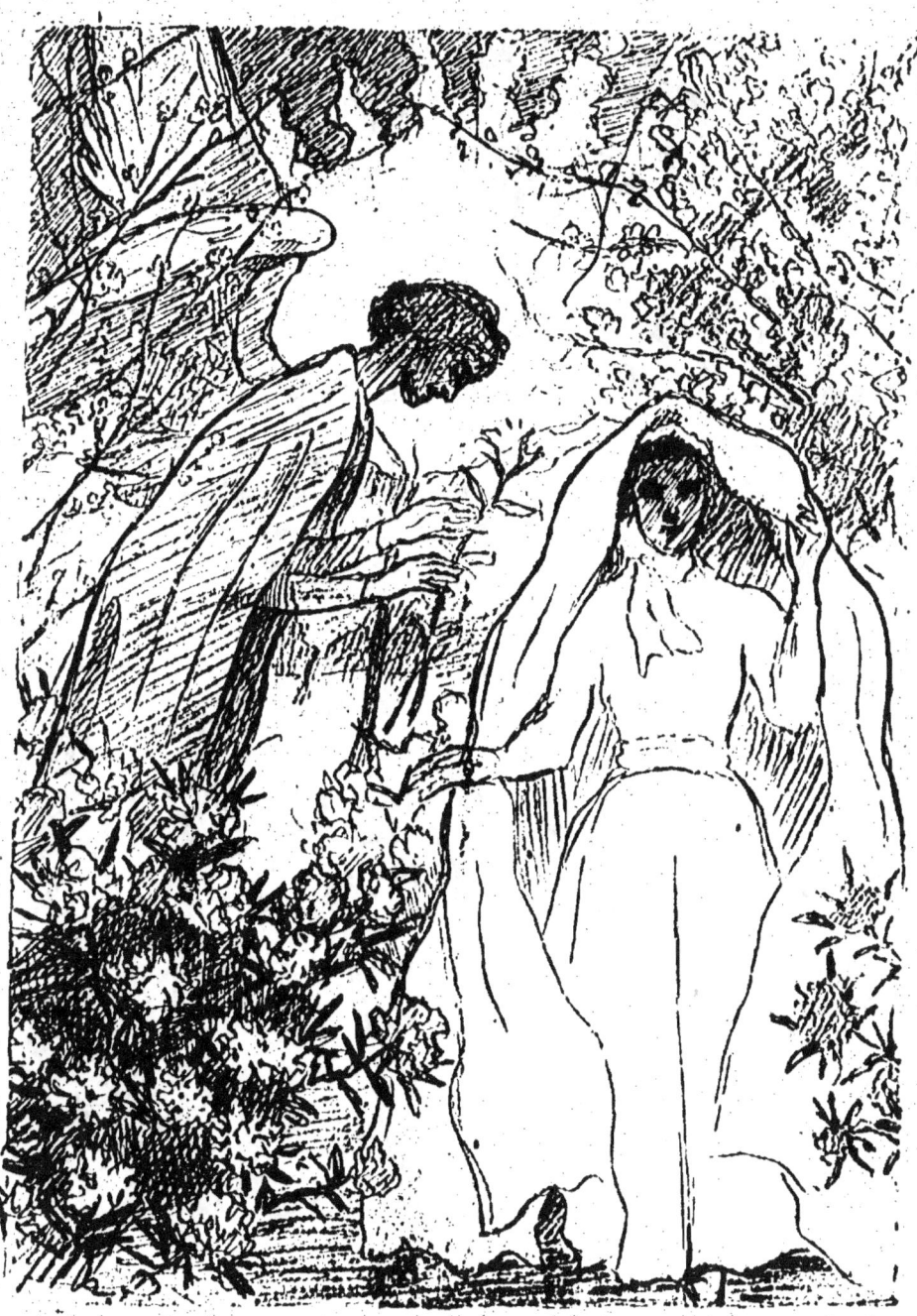

(HUBERT DE LA ROCHEFOUCAUD). — *Vision.*

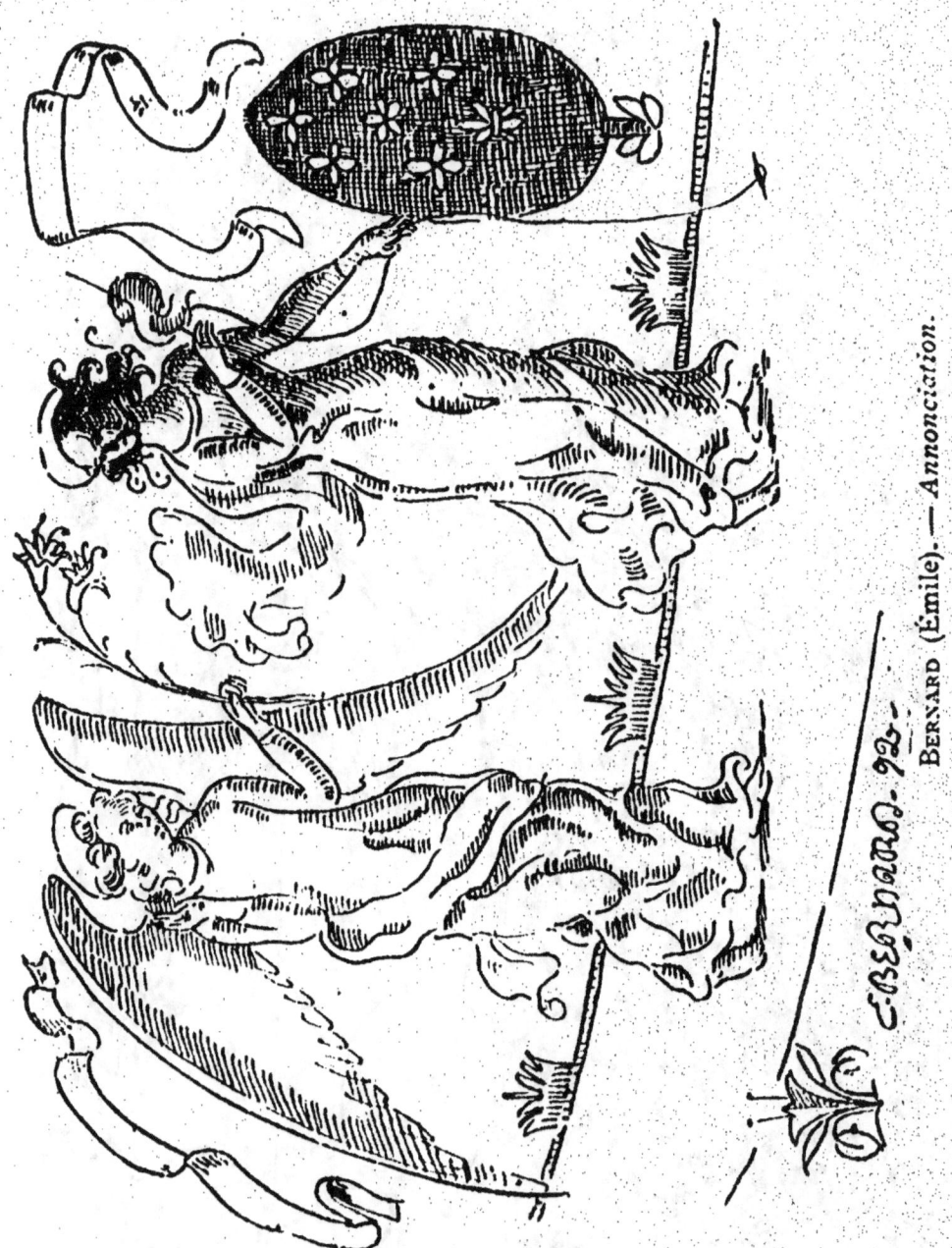

BERNARD (Émile). — *Annonciation.*

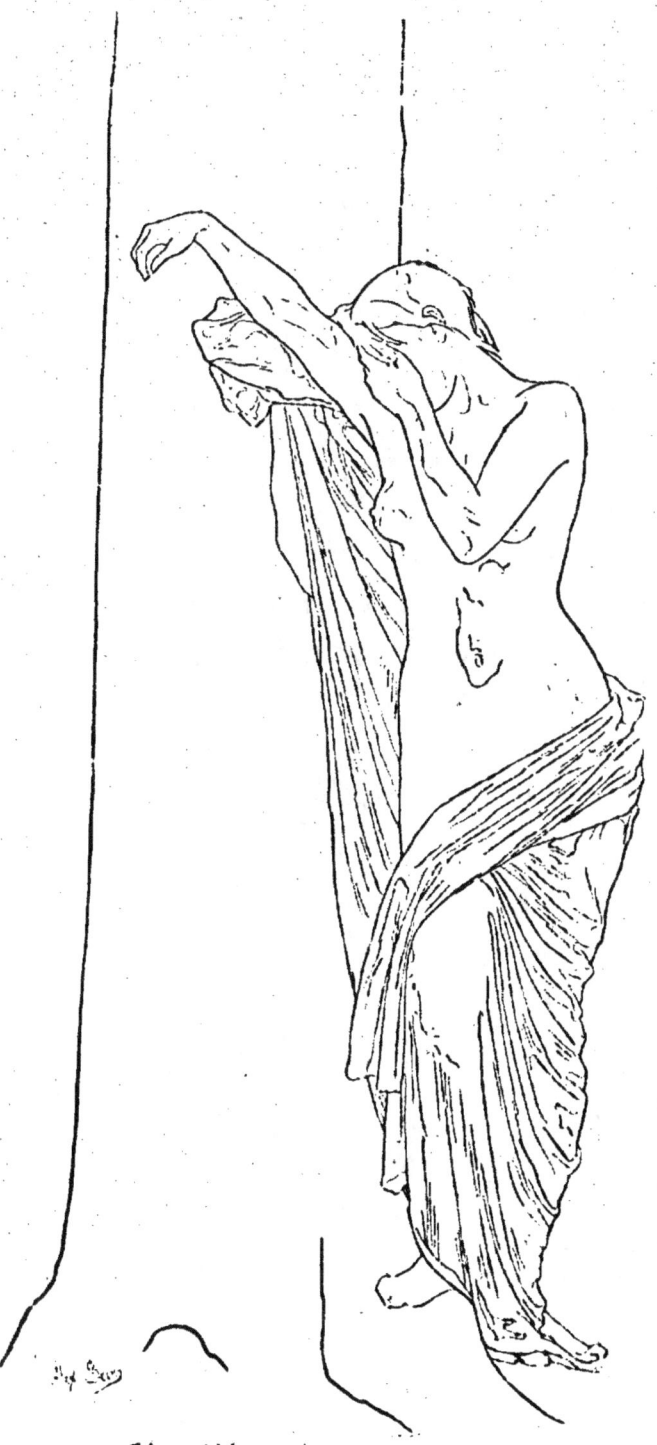

Séon (Alexandre). — *Douleur*.

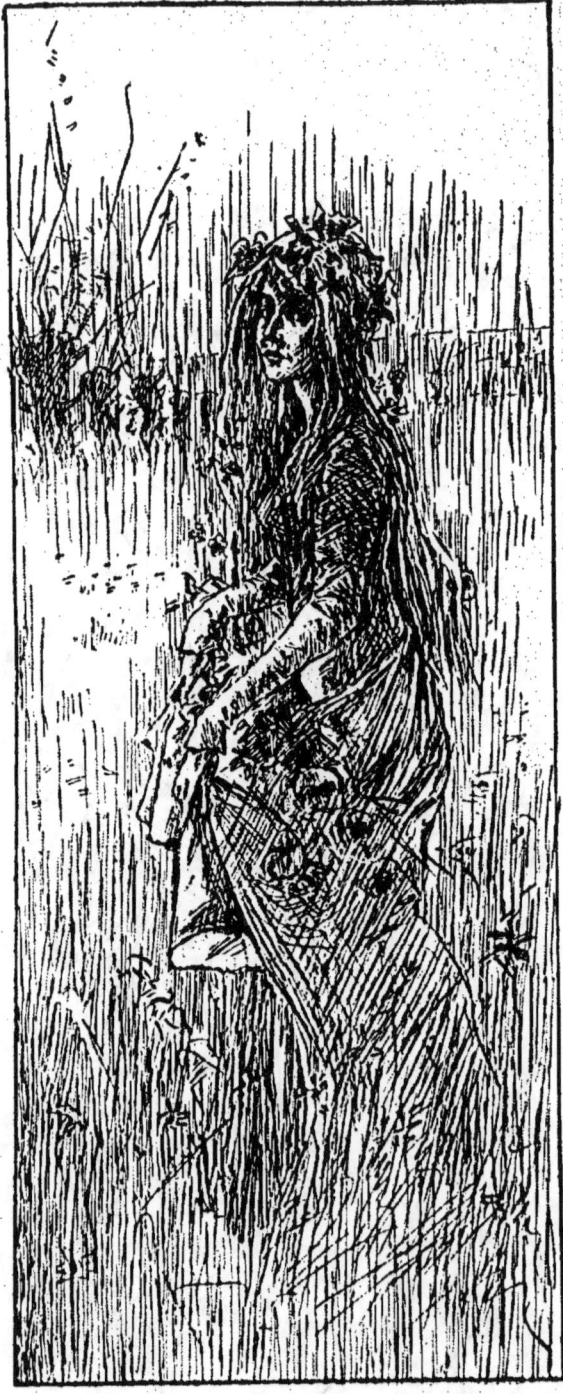

RANFT (Richard). — *Orphélie.*

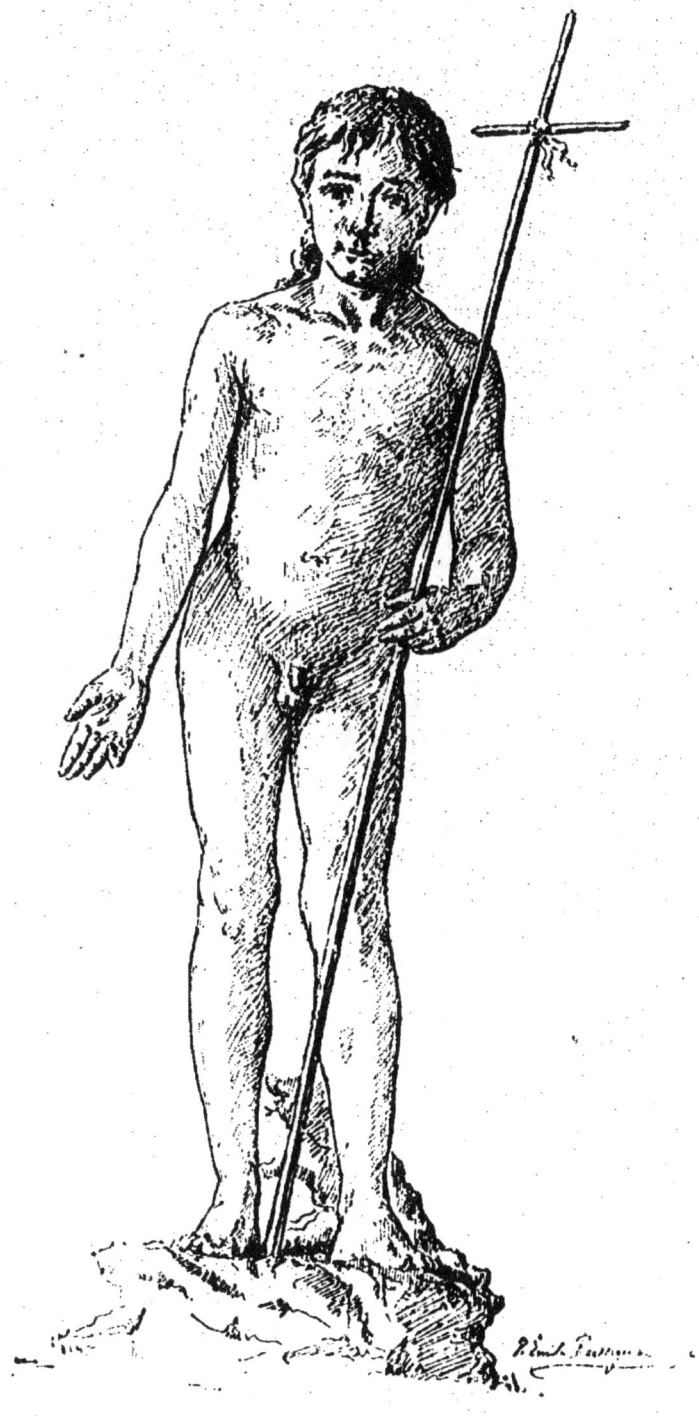

RAISSIGNIER (de). — *Saint Jean.*

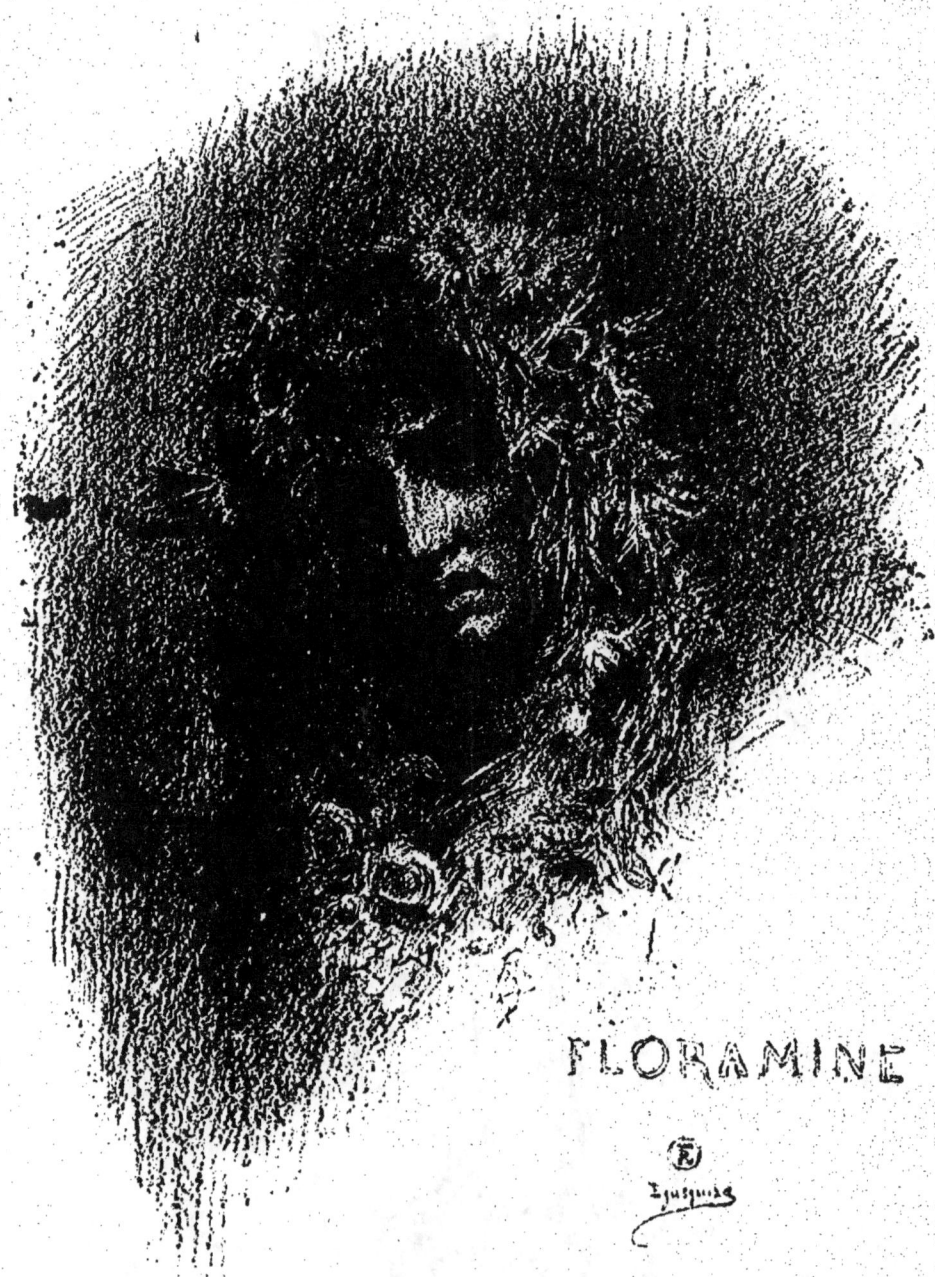

FLORAMINE

Egusquiza (de).

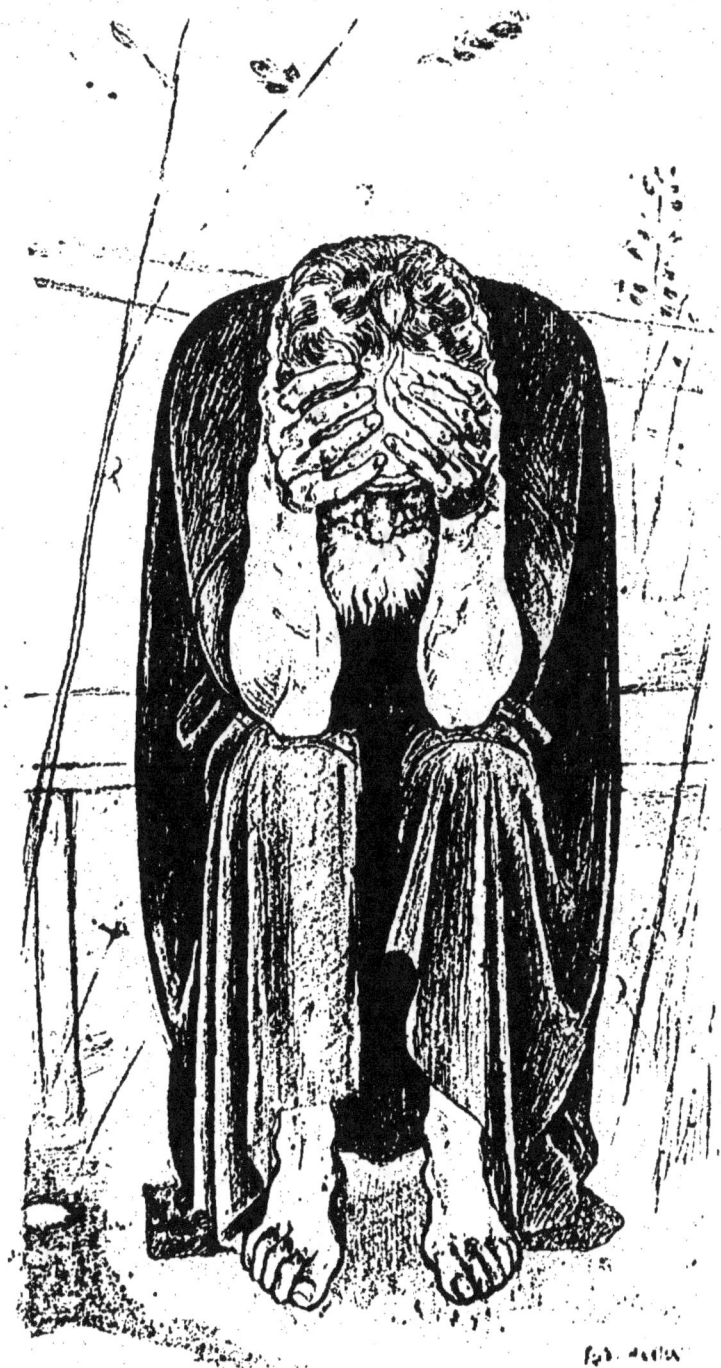

HODLER (Ferdinand). — *Ames déçues.*

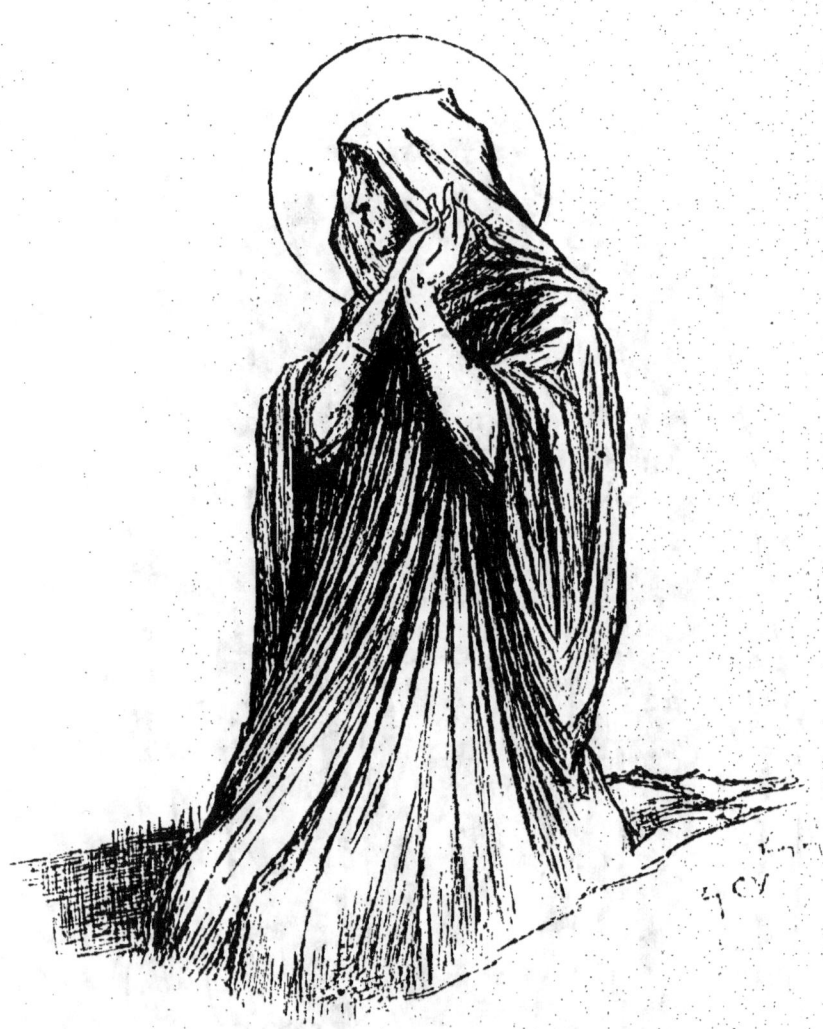

CADEL. — *Apparition mystique.*

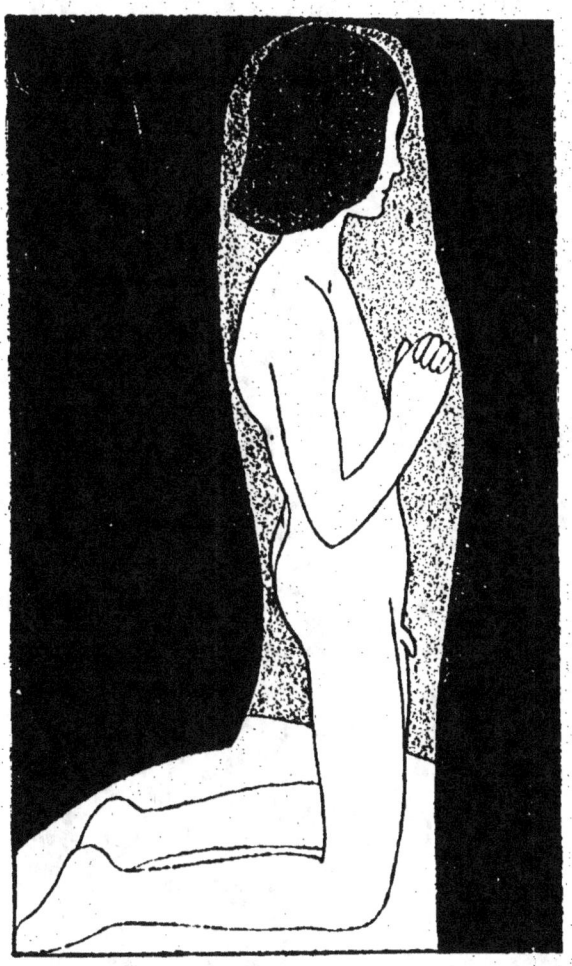

FILIGER. — *La Prière.*

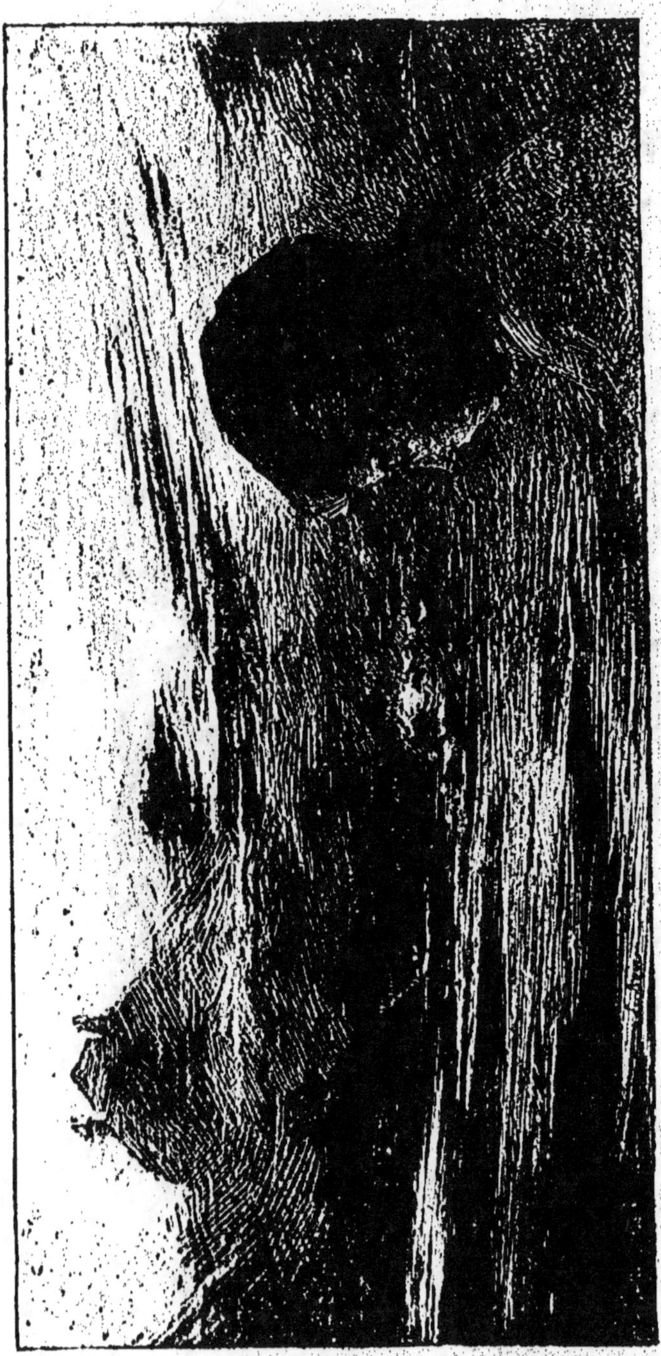

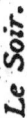

Le Soir.

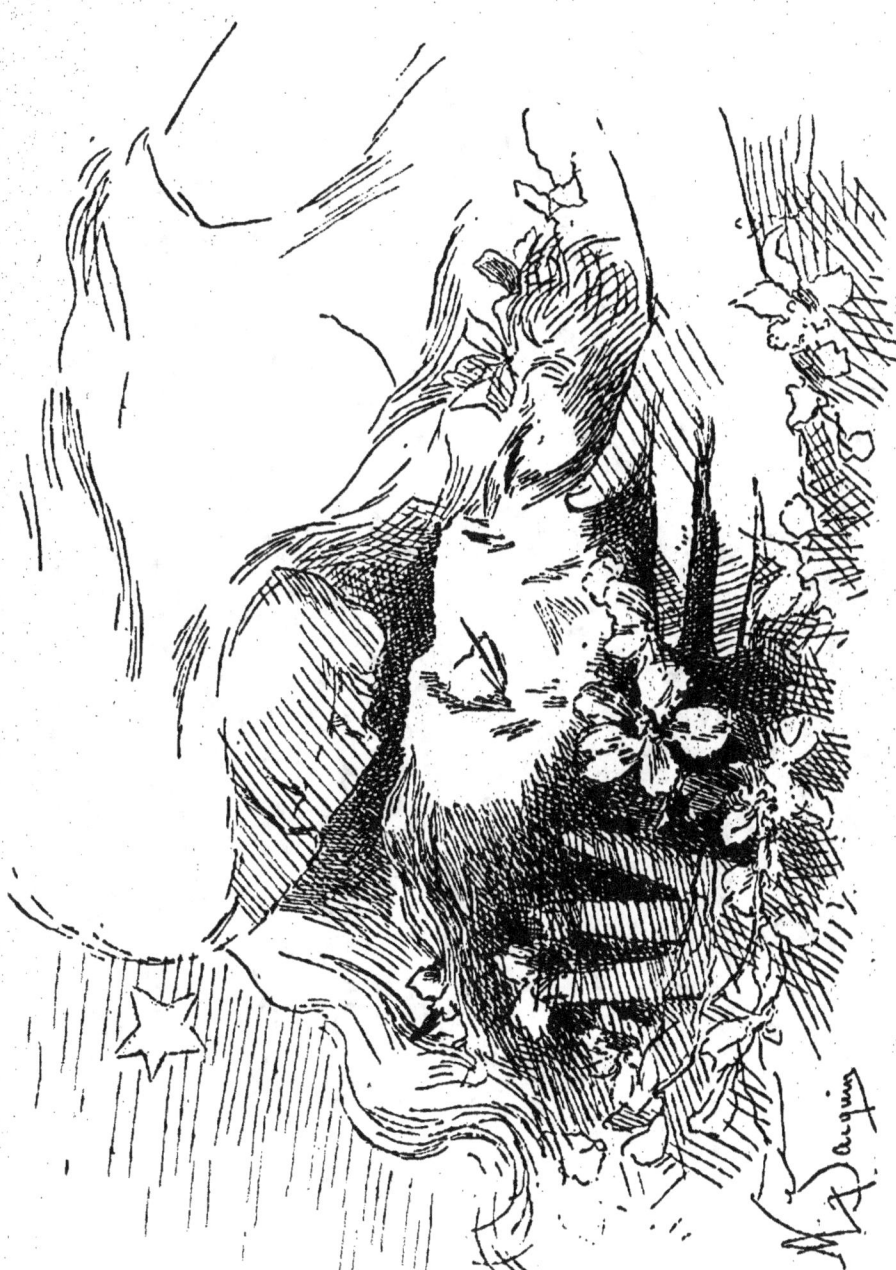

JACQUIN (Georges-Arthur). — *Le Baiser de la Muse.*

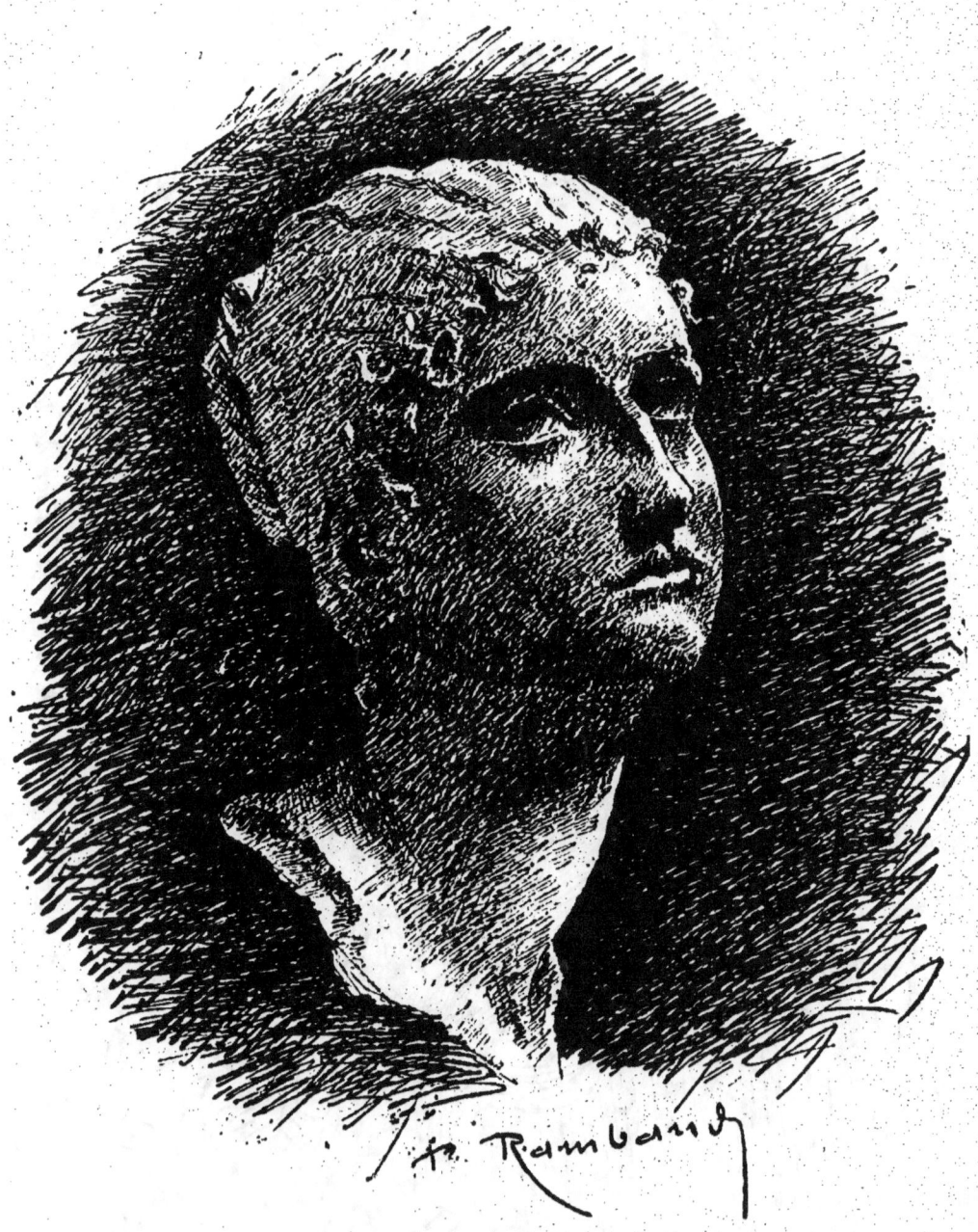

RAMBAUD (Pierre). — *La Pensée.*

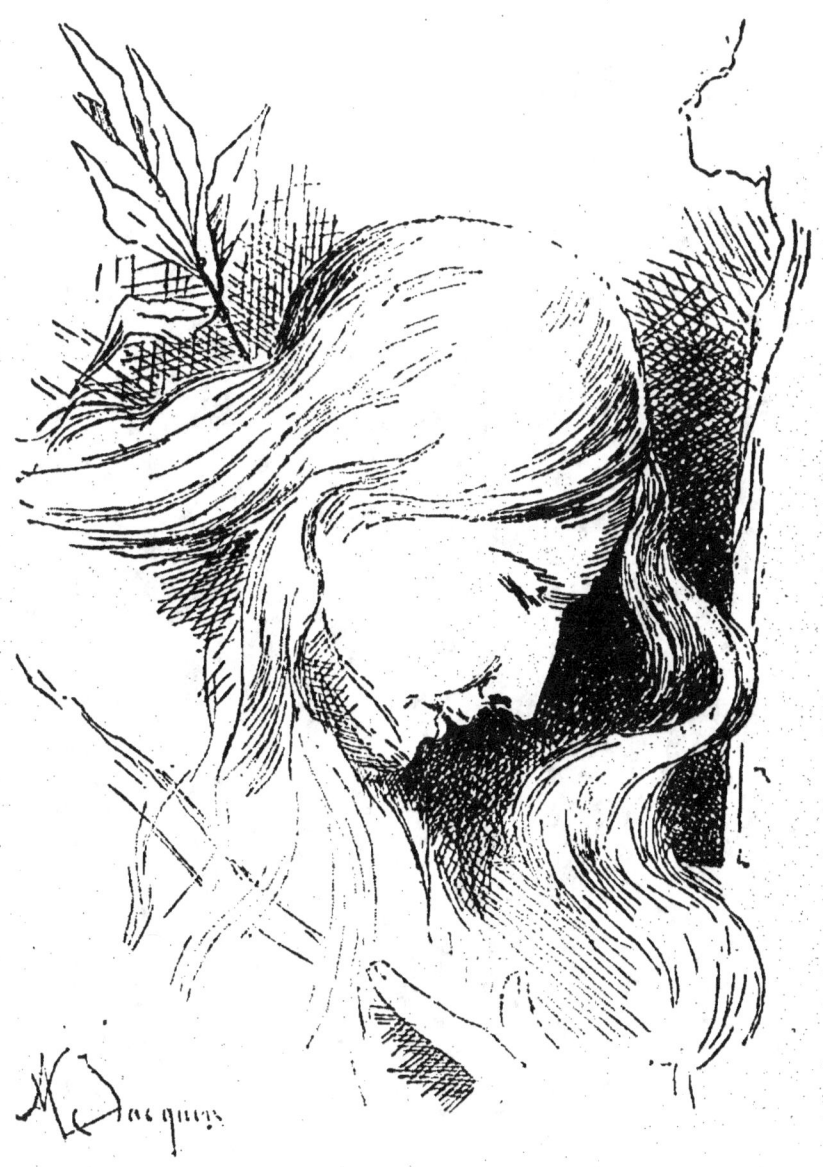

JACQUIN (A.). — *Tête.*

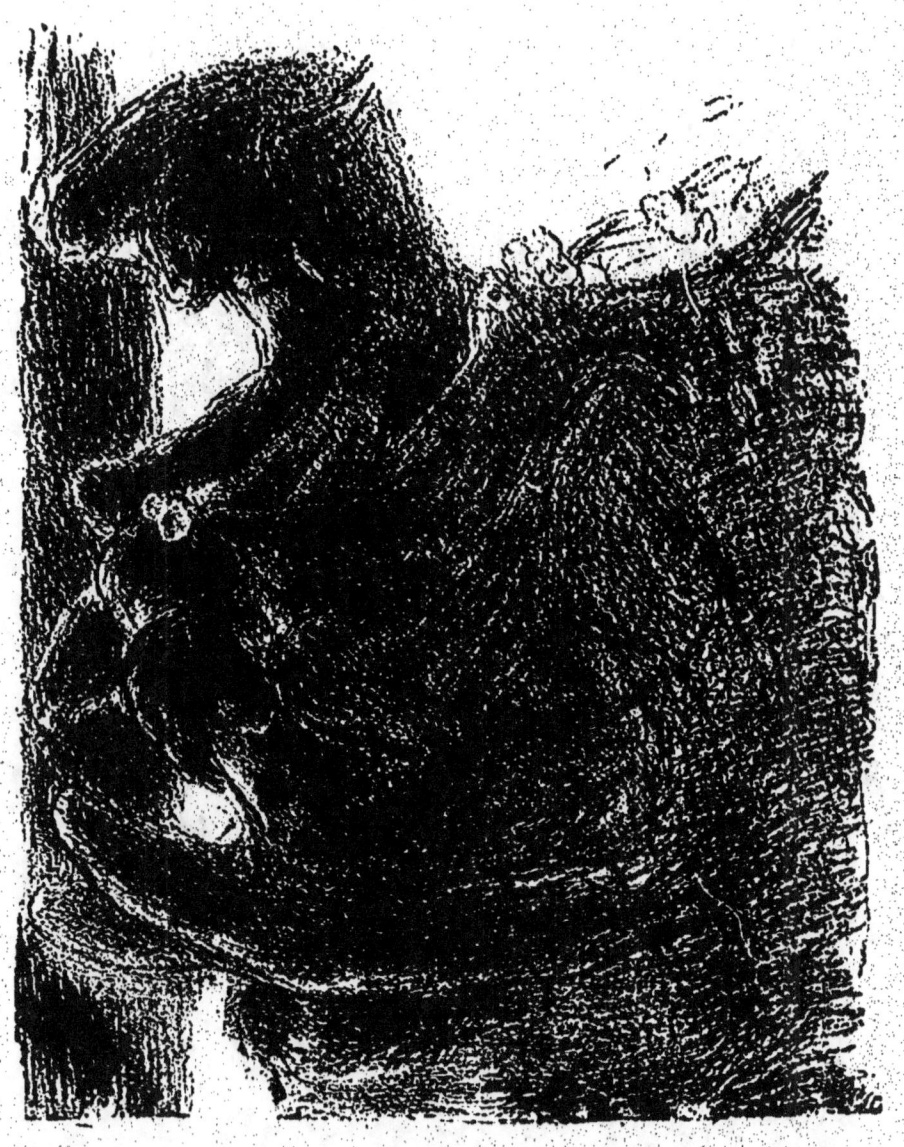

Maternita

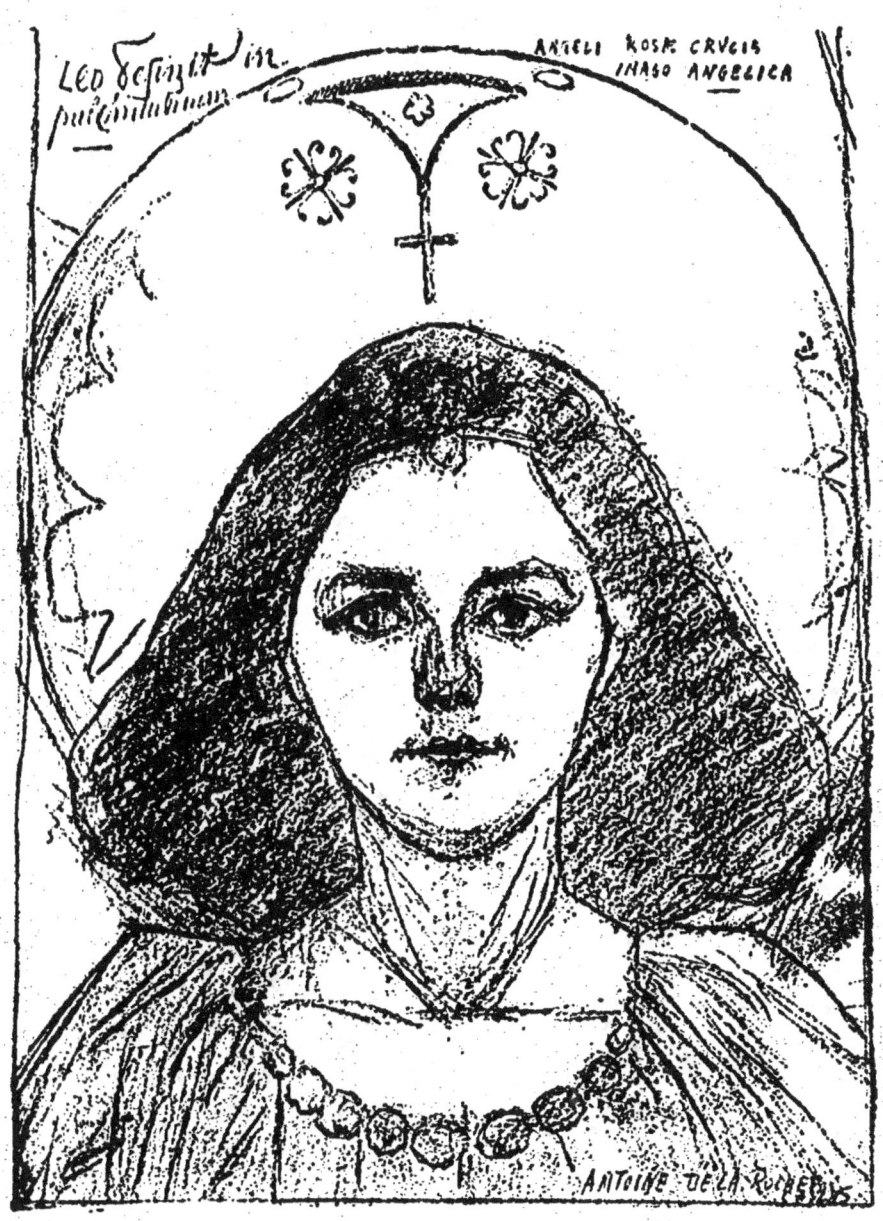

ANTOINE DE LA ROCHEFOUCAULD. — *L'Ange de la Rose✵Croix.*

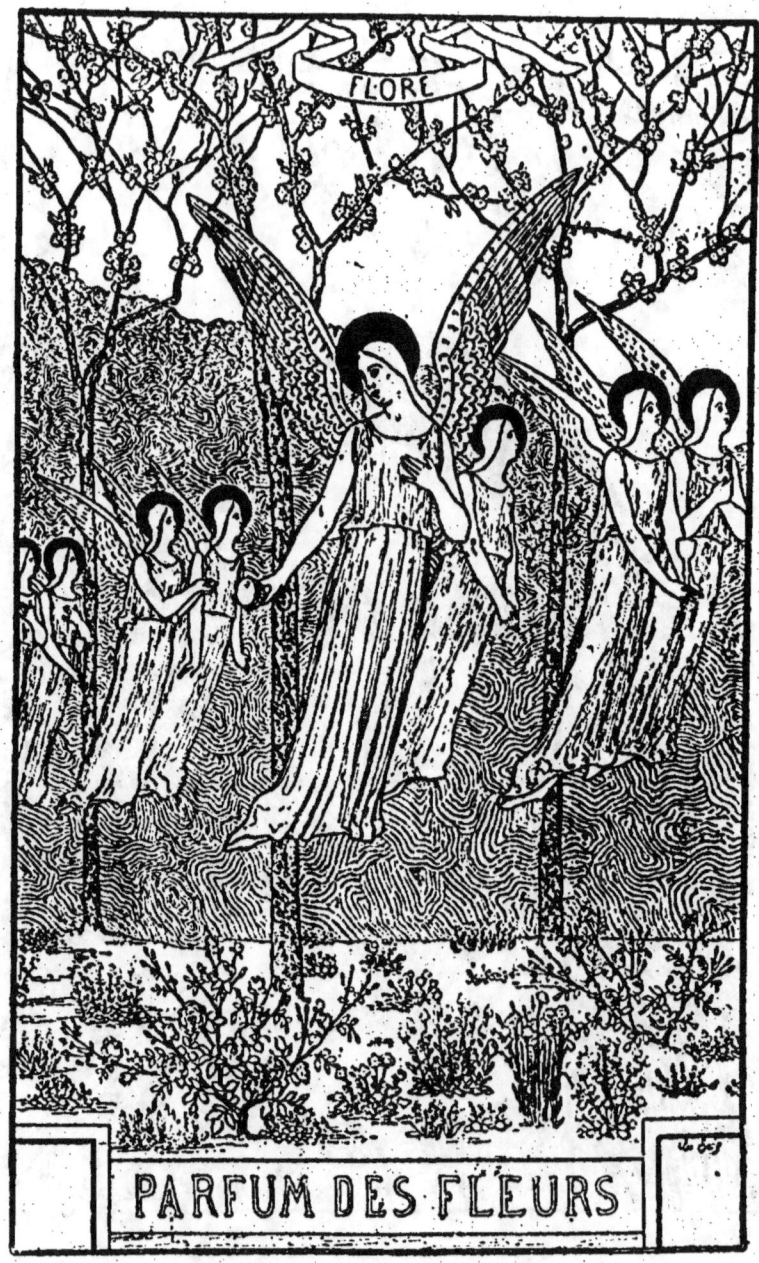

FLORE

PARFUM DES FLEURS

Séon (Alexandre). — *Parfum des Fleurs,*

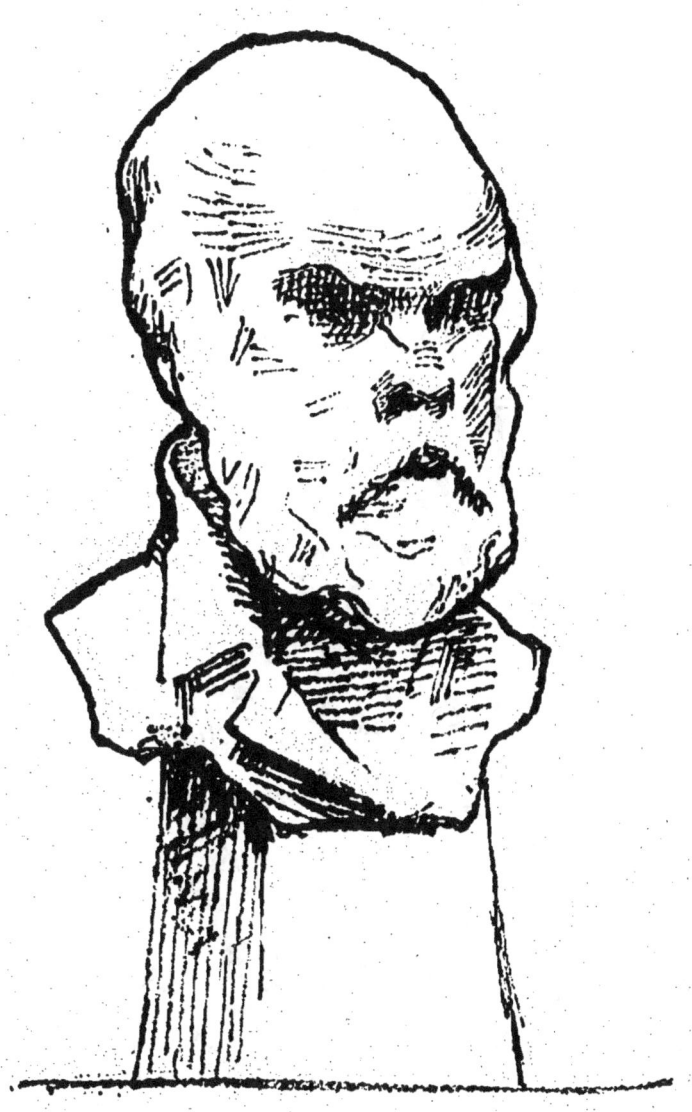

NIEDERHAUSERN (De). — *Buste de Paul Verlanie.*

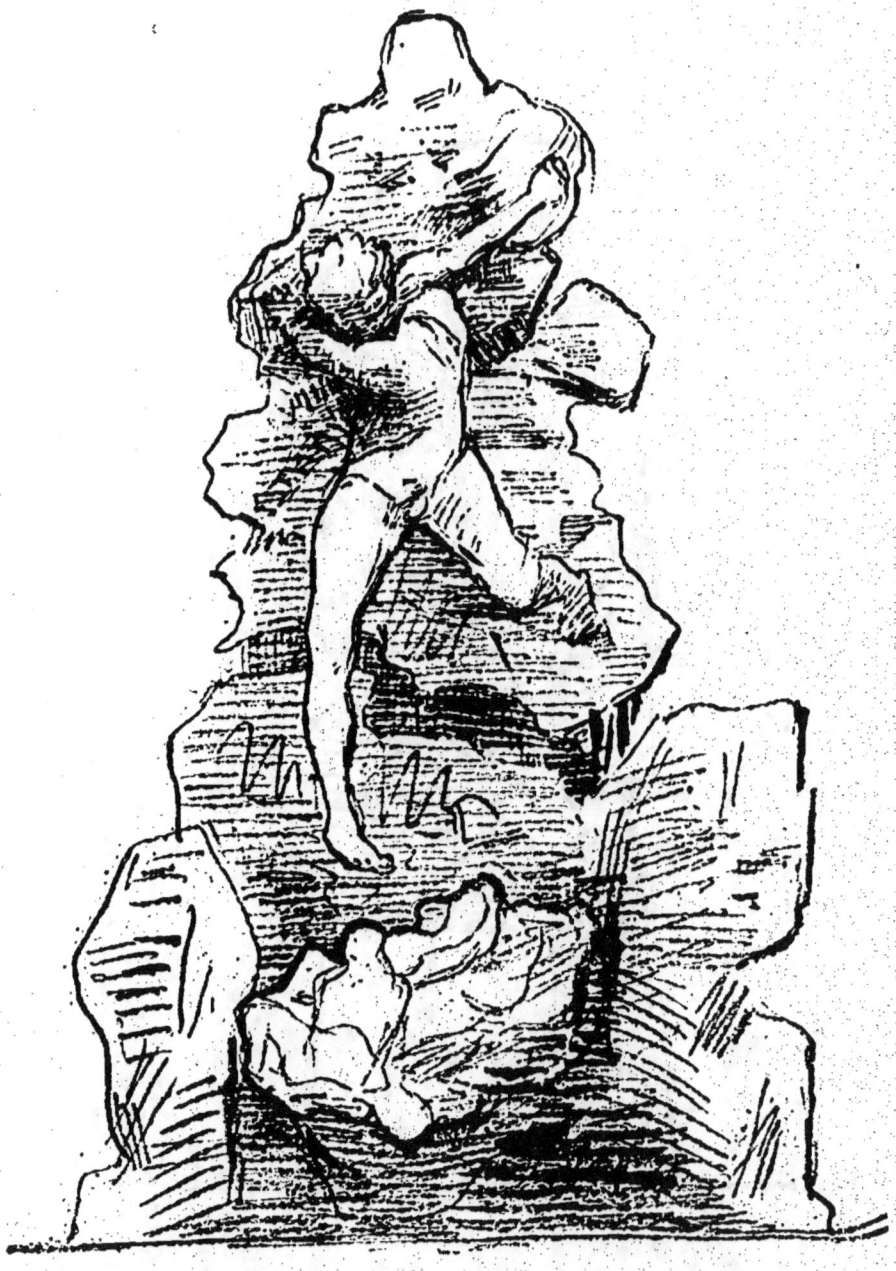

NIEDERHAUSERN (De). — *Le Torrent.*

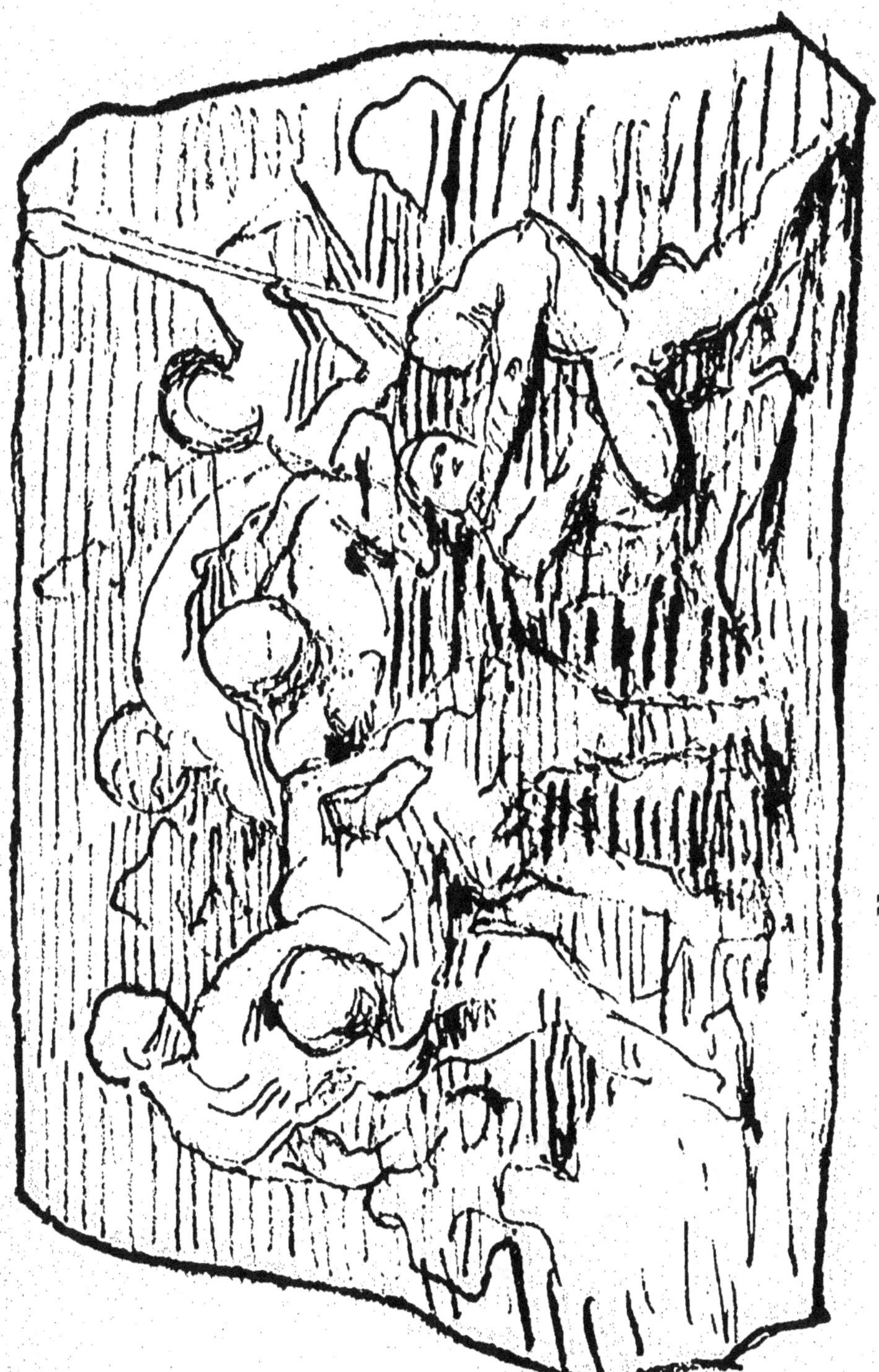

NIEDERHAUSERN (De). — *La Guerre.*

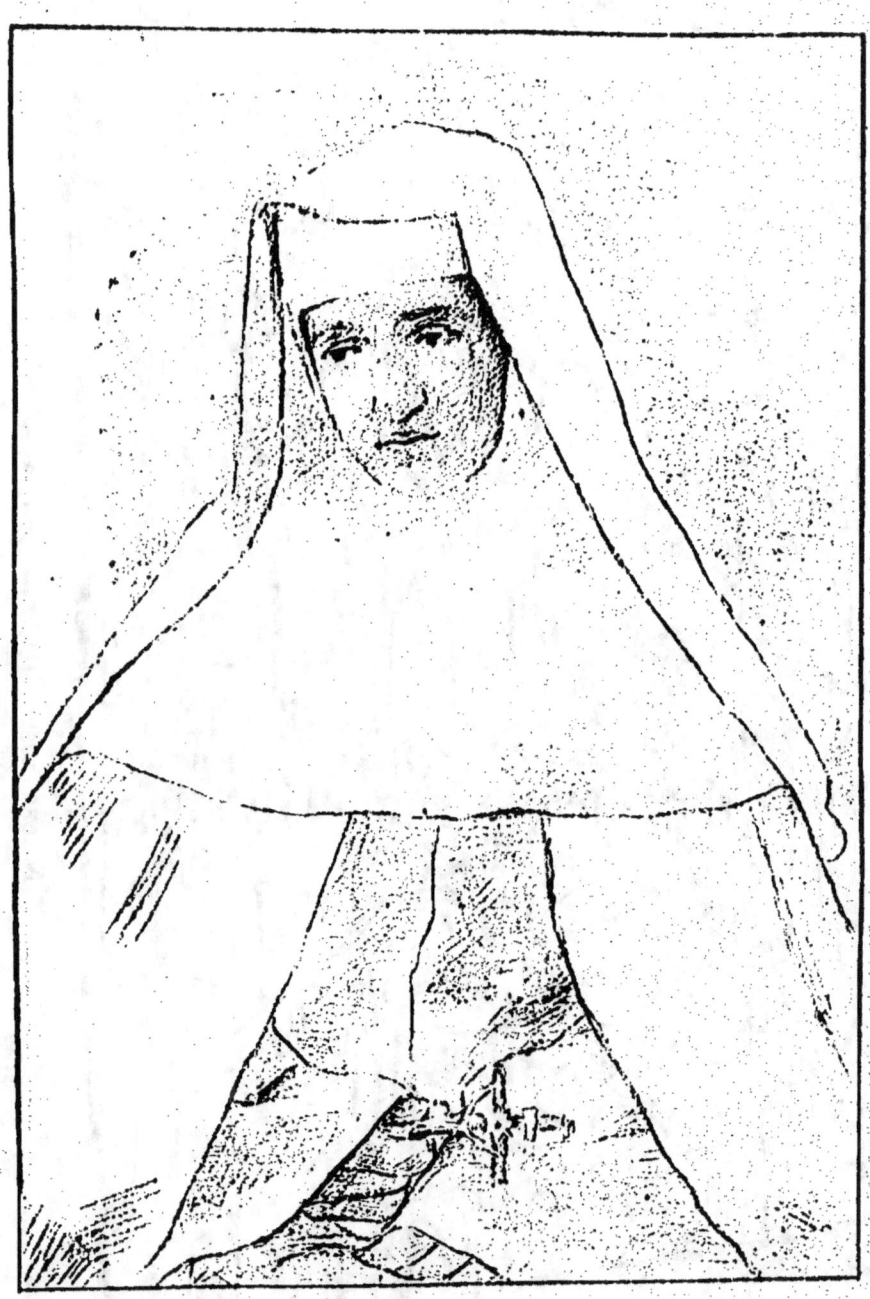

André des Boutins. — *Religieuse.*

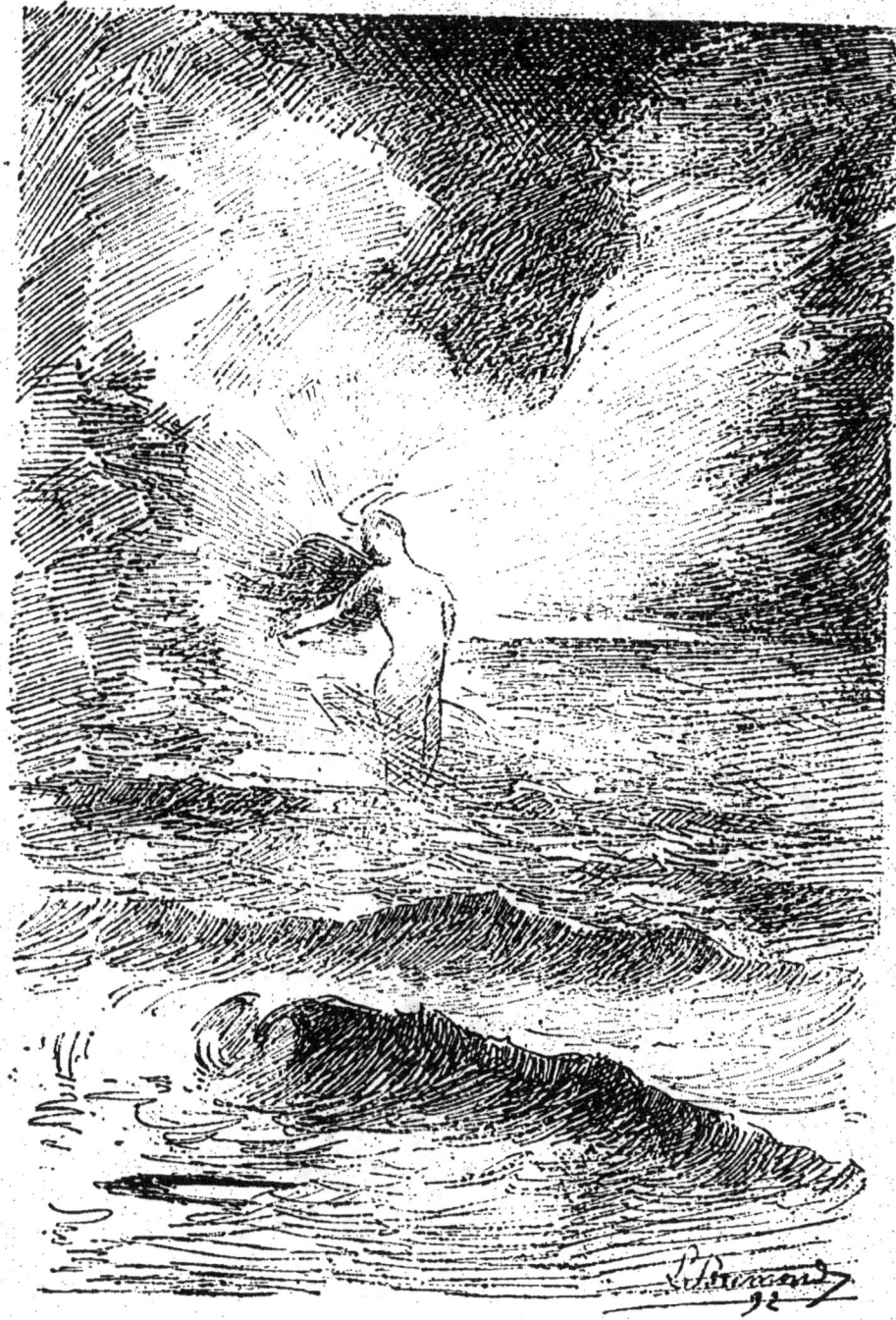

BREMOND. — *La Vague.*

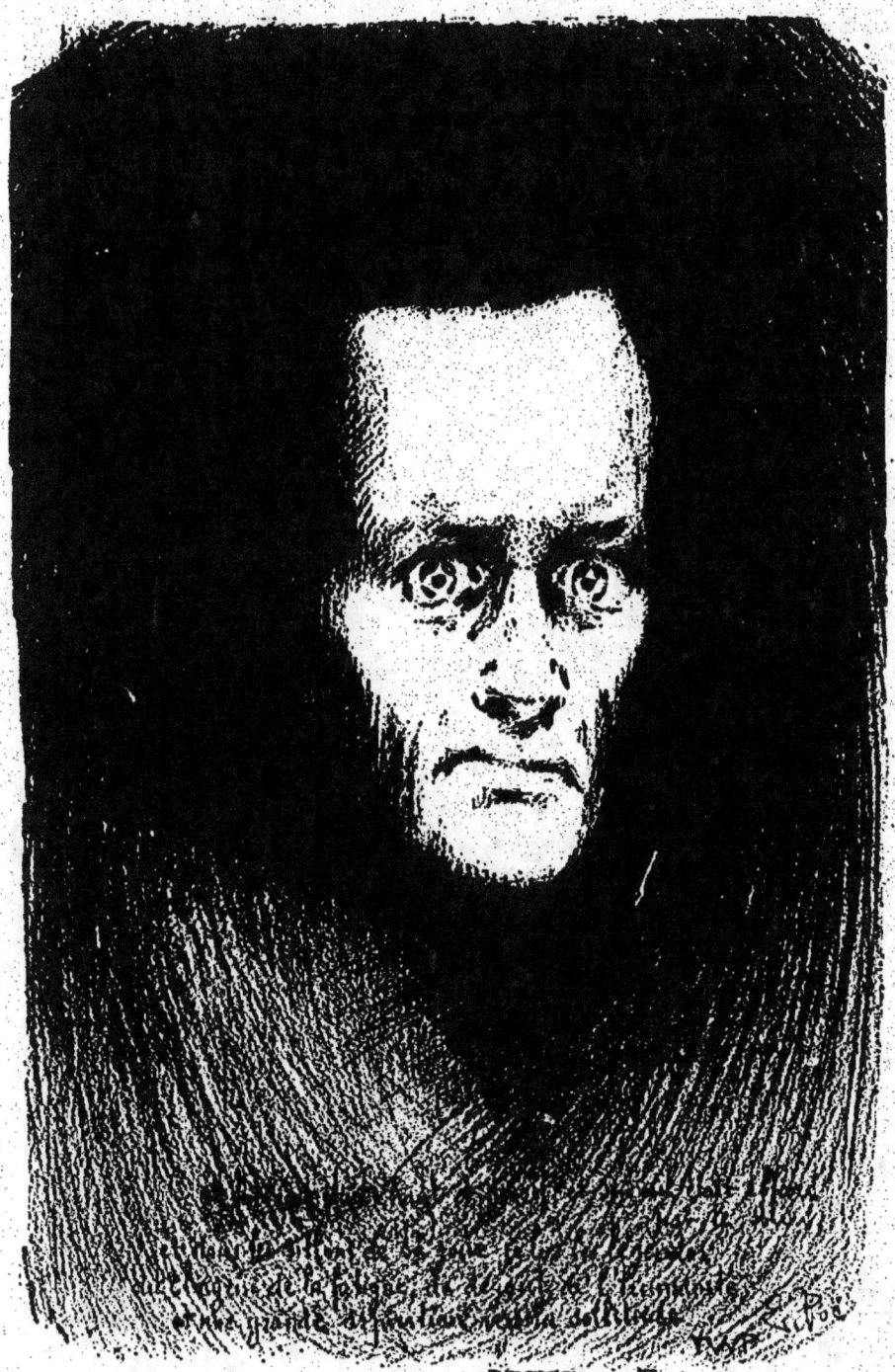

WAGNER (Théo). — *Désolation.*

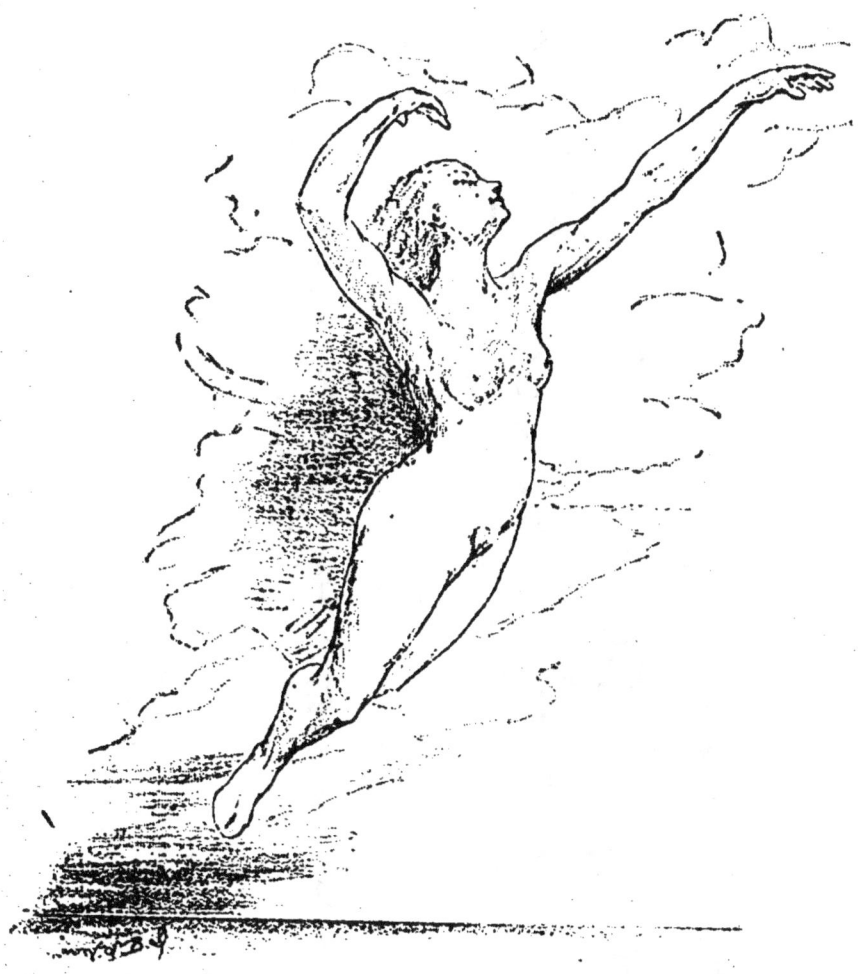

La Barre Duparco (De). — *La Nuée qui monte.*

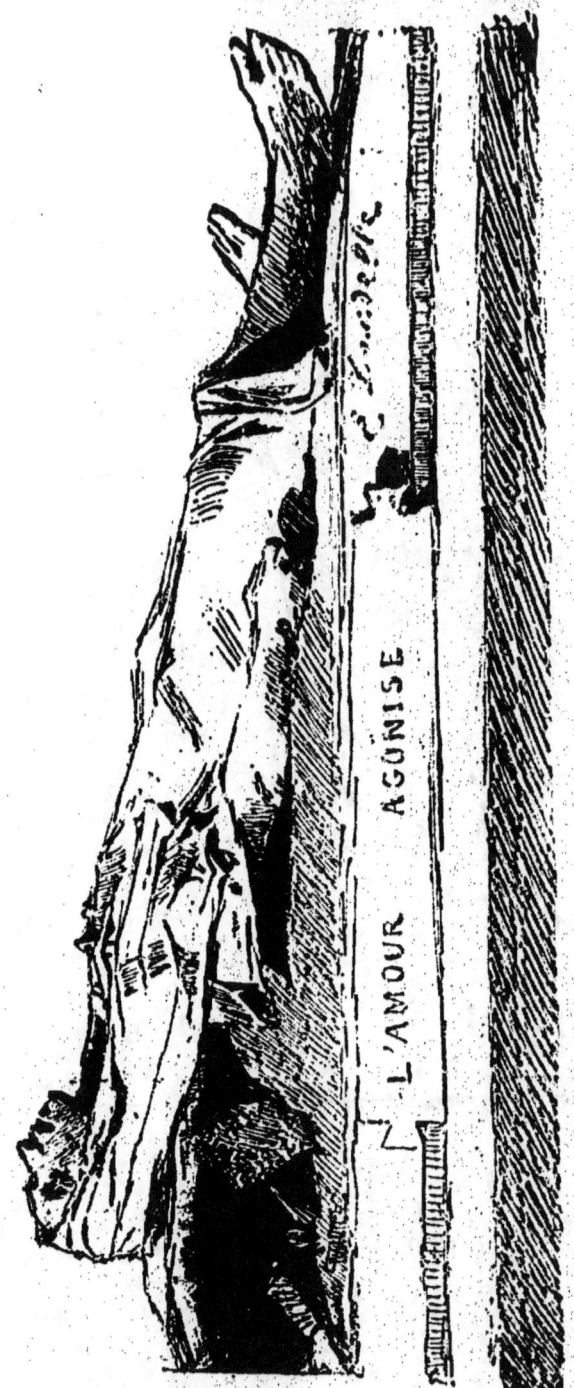

BOURDELLE. — *L'Amour agonise.*

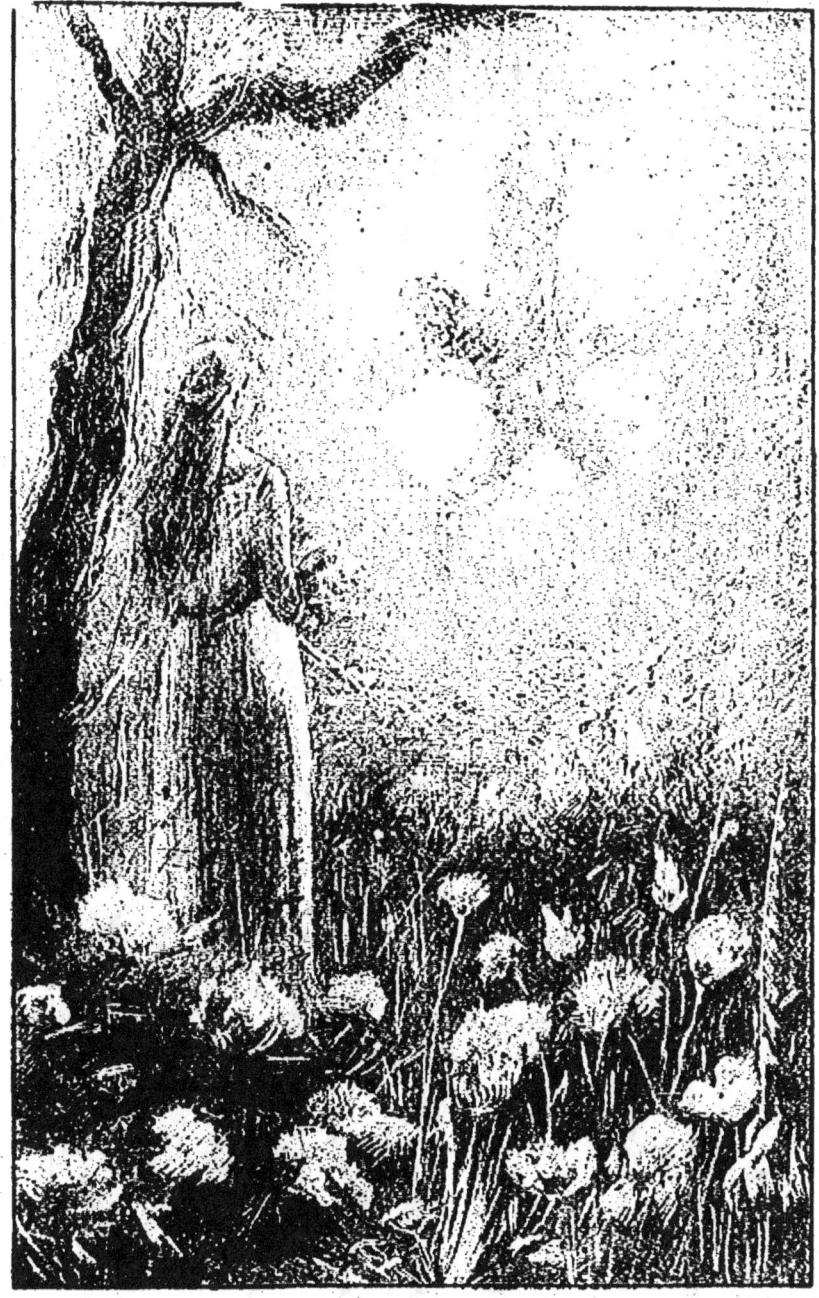

SONNIER.

Car Christ m'a dit qu'il est bon de mourir,
Ce doux matin ensoleillé
Qu'il vint vers moi dans son ciboire ailé,
Me consoler d'amour et me guérir,
Je l'ai vu rayonner vers ma lèvre.

VIELLÉ GRIFFIN.

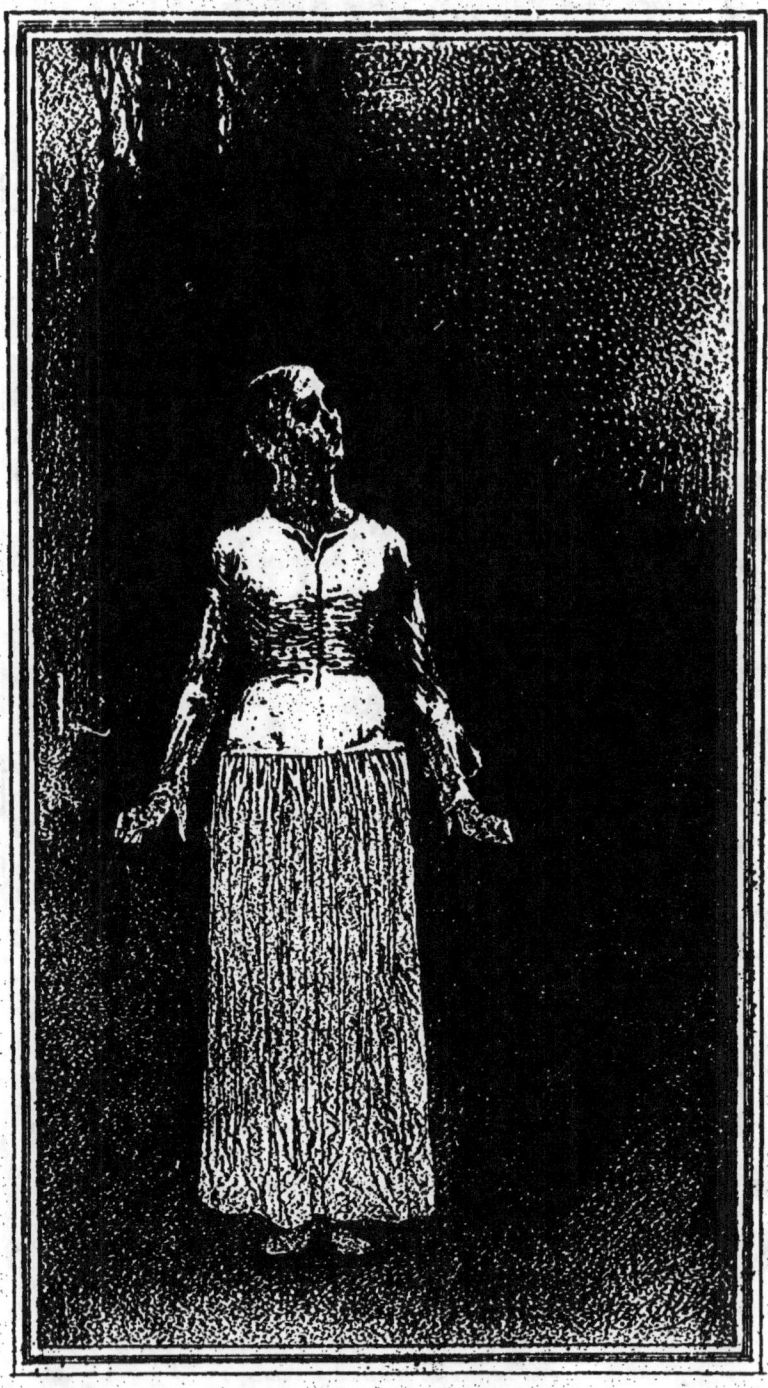

Séon (Alexandre). — *Jeanne d'Arc.*

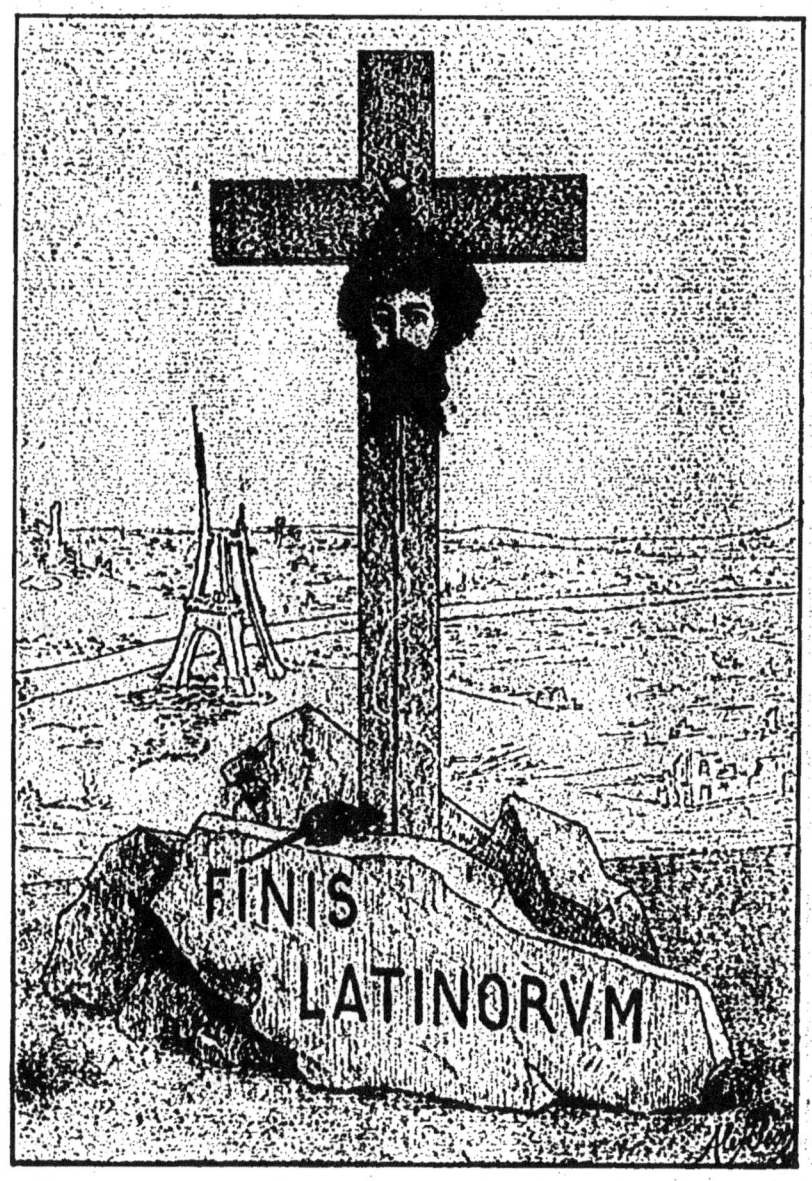

Séon (Alexandre) — *Frontispice pour l'Éthopée 1 : Le Vice suprême.*

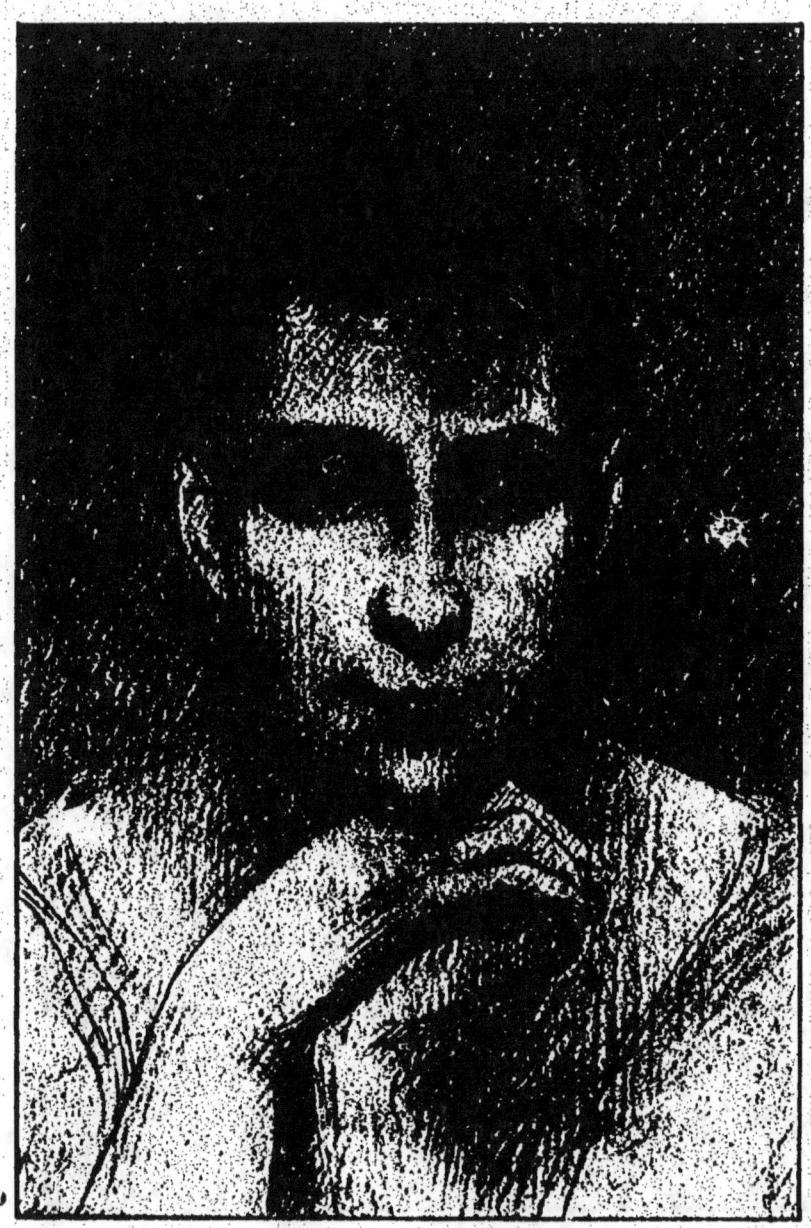

Séon (Alexandre). — *Frontispice pour l'Éthopée II : Curieuse.*

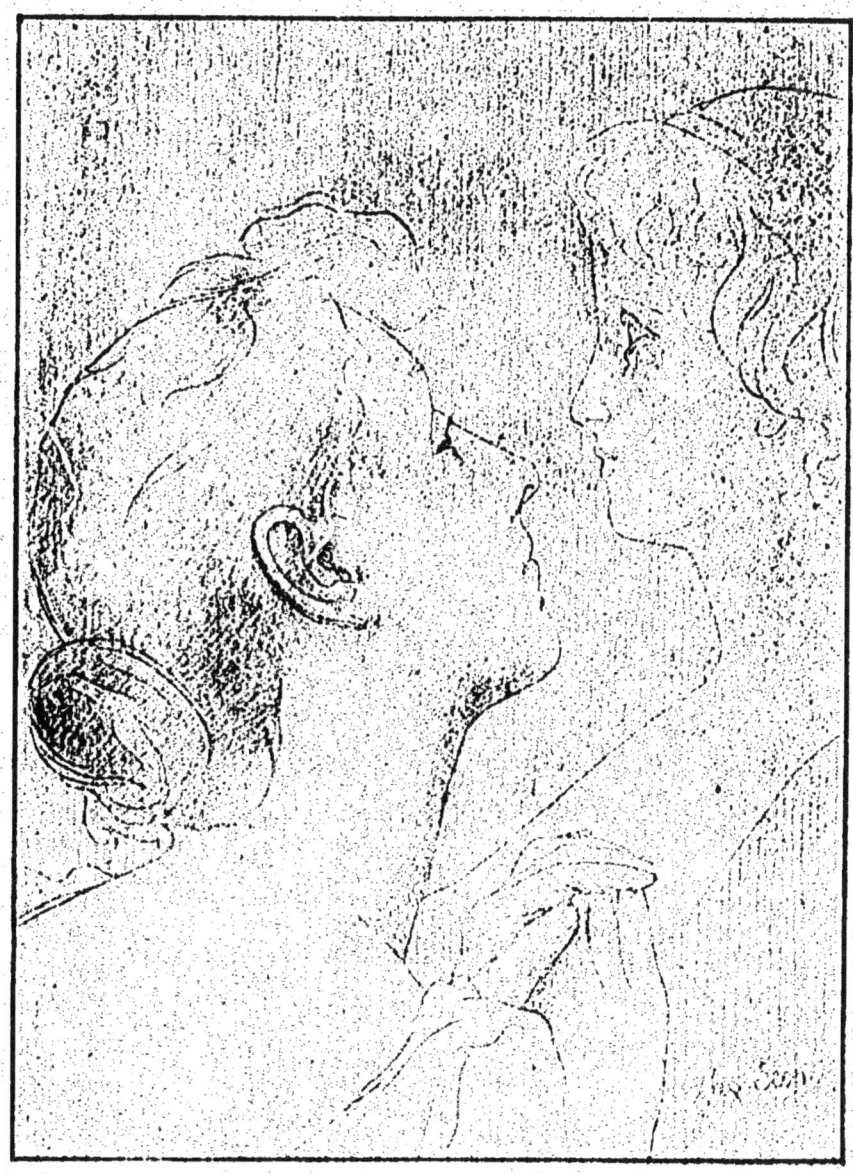

Séon (Alexandre). — *Frontispice pour l'Éthopée*
Initiation sentimentale.

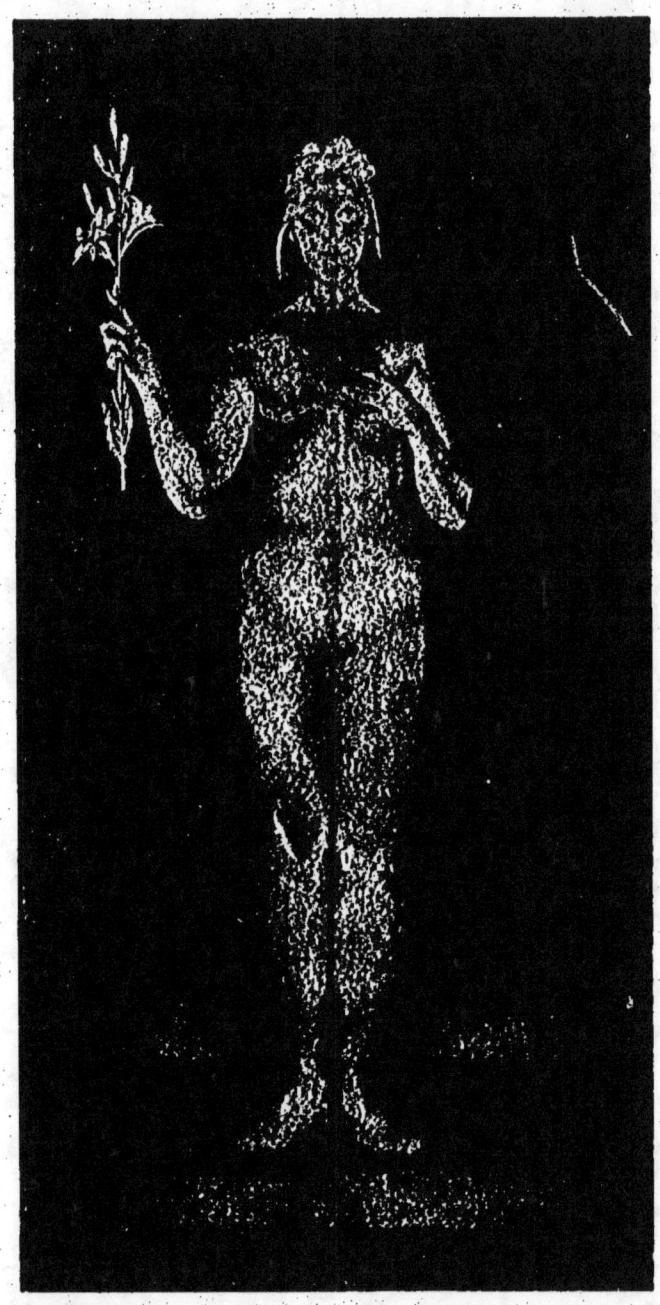

Séon (Alexandre). — *Frontispice pour l'éthophée IV: A cœur perdu.*

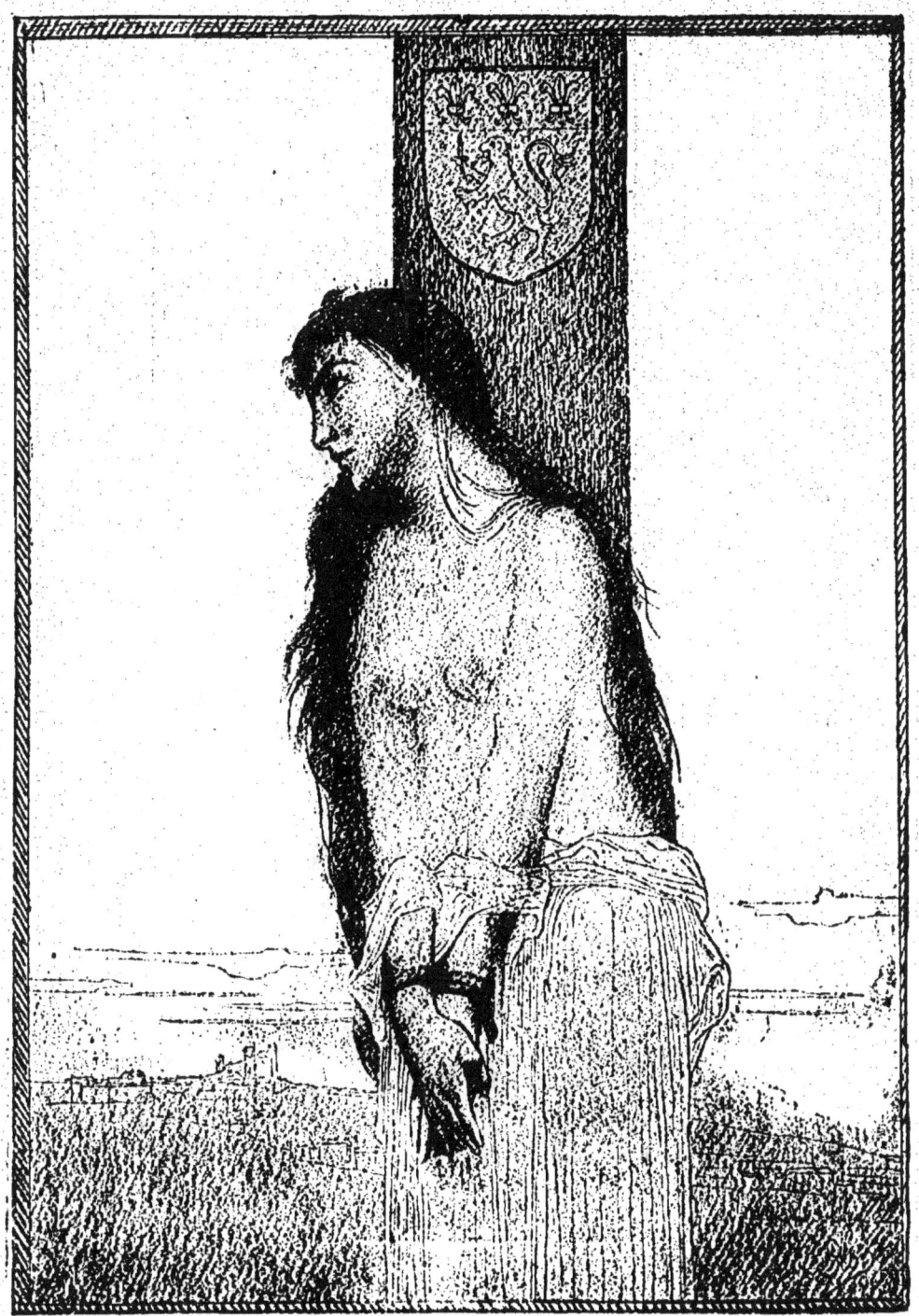

Séon (Alexandre). — *Frontispice pour l'Éthopée v : Istar.*

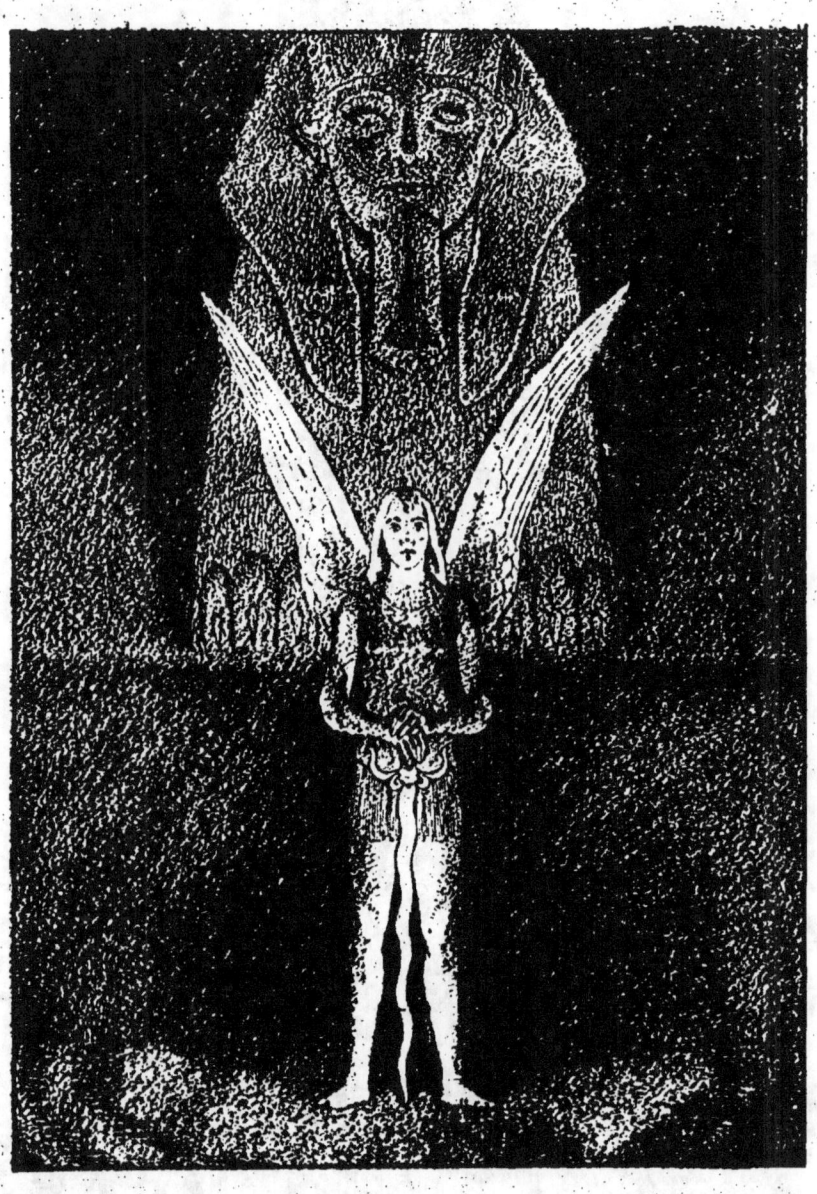

Séon (Alexandre). — *Frontispice pour l'Ethophée* vi *La Victoire du Mari*

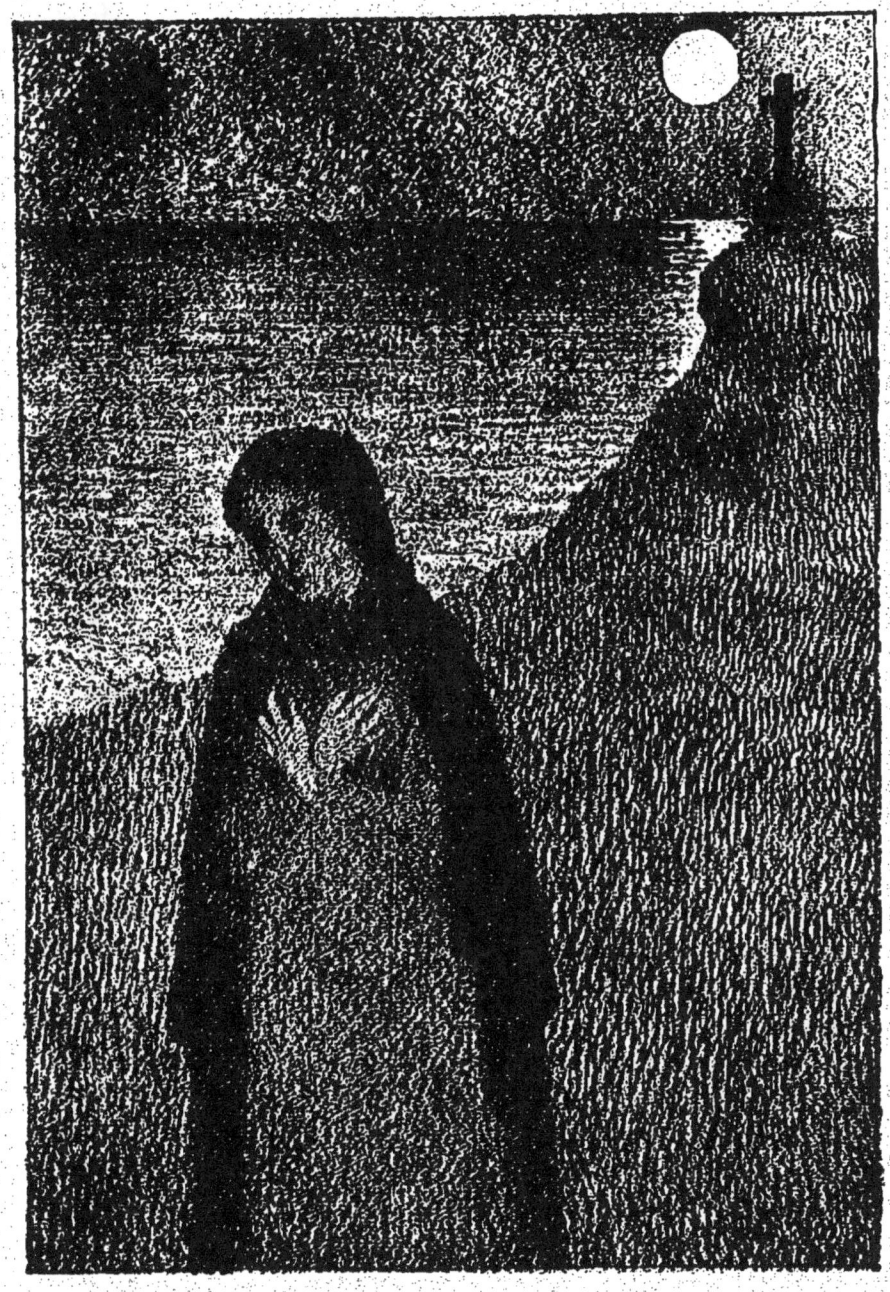

SÉON (Alexandre). — *Frsntispice de l'Ethovée* VII : *Cœur en peine.*

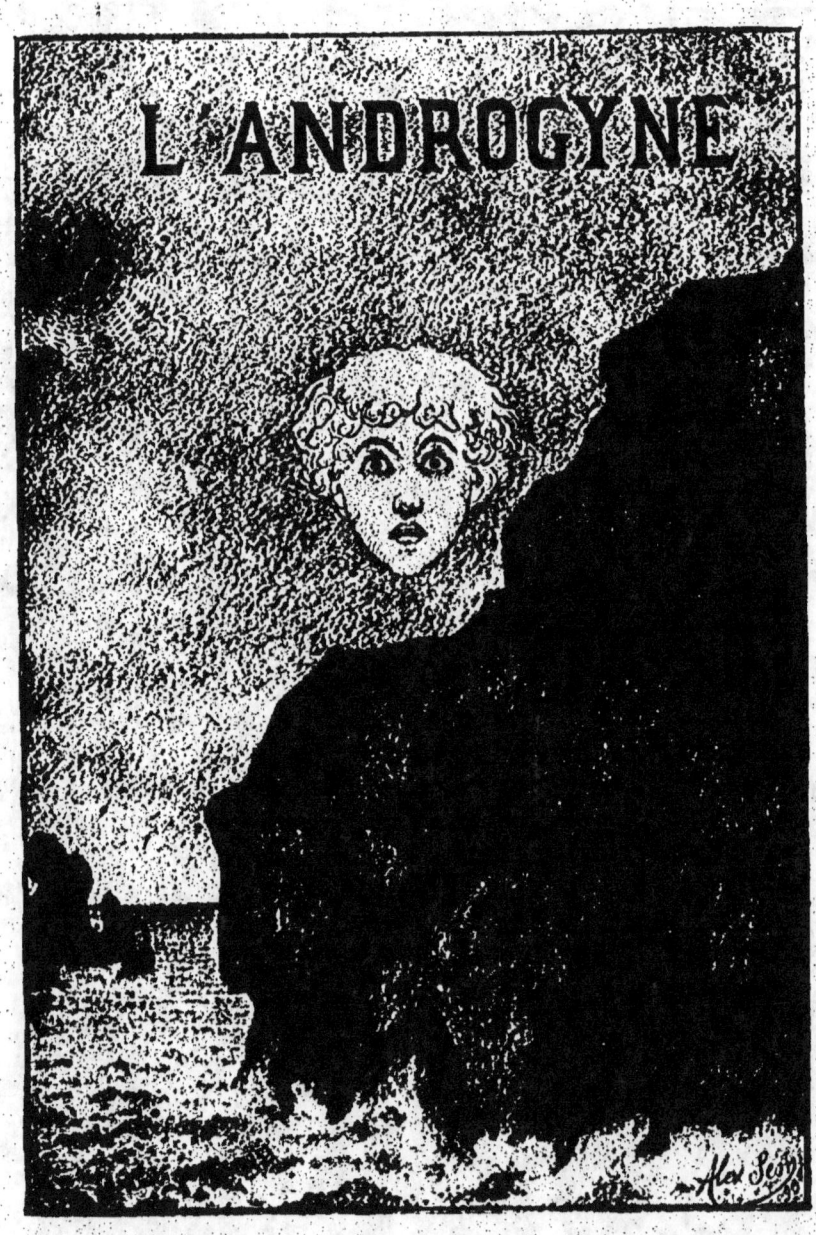

Séon (Alexandre). — *Frontispice pour l'Élhopée VIII : L'Androgyne*

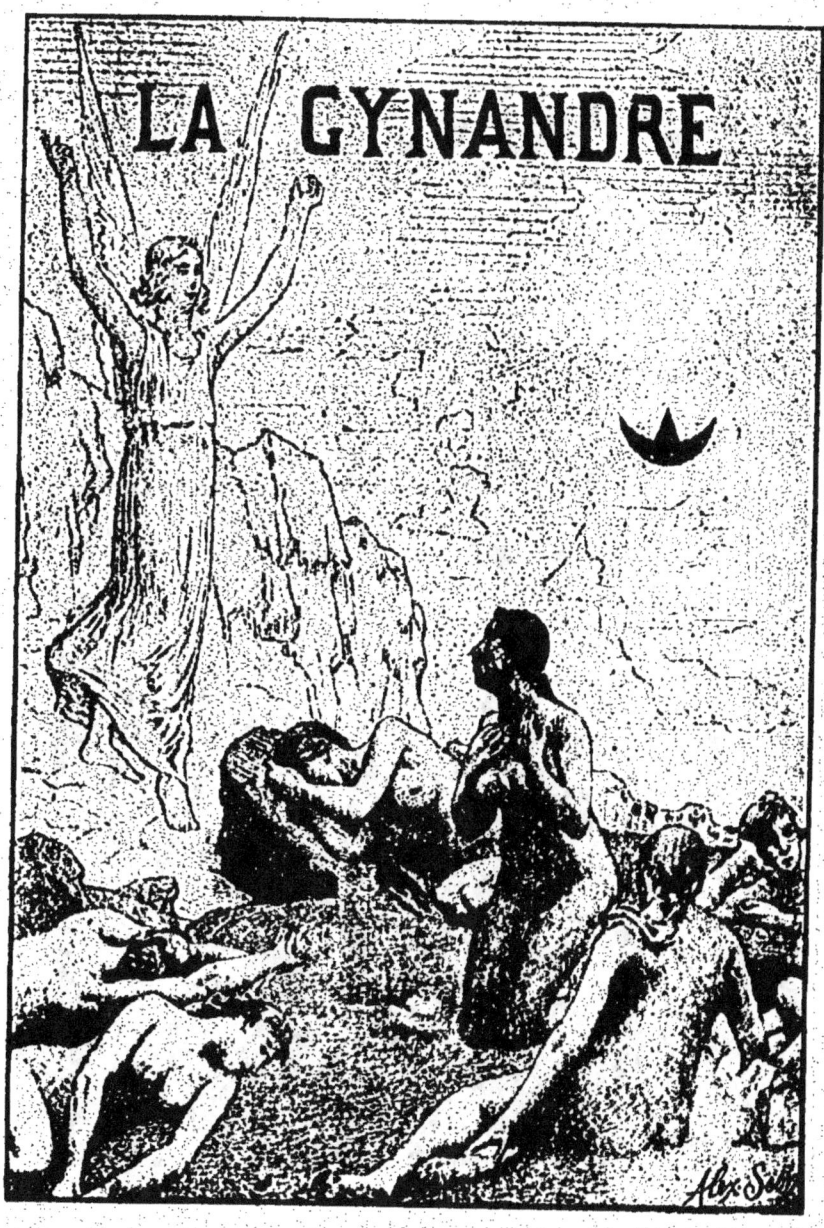

Séon (Alexandre). — *Frontispice pour l'Éthopée* IX: *La Gynandre.*

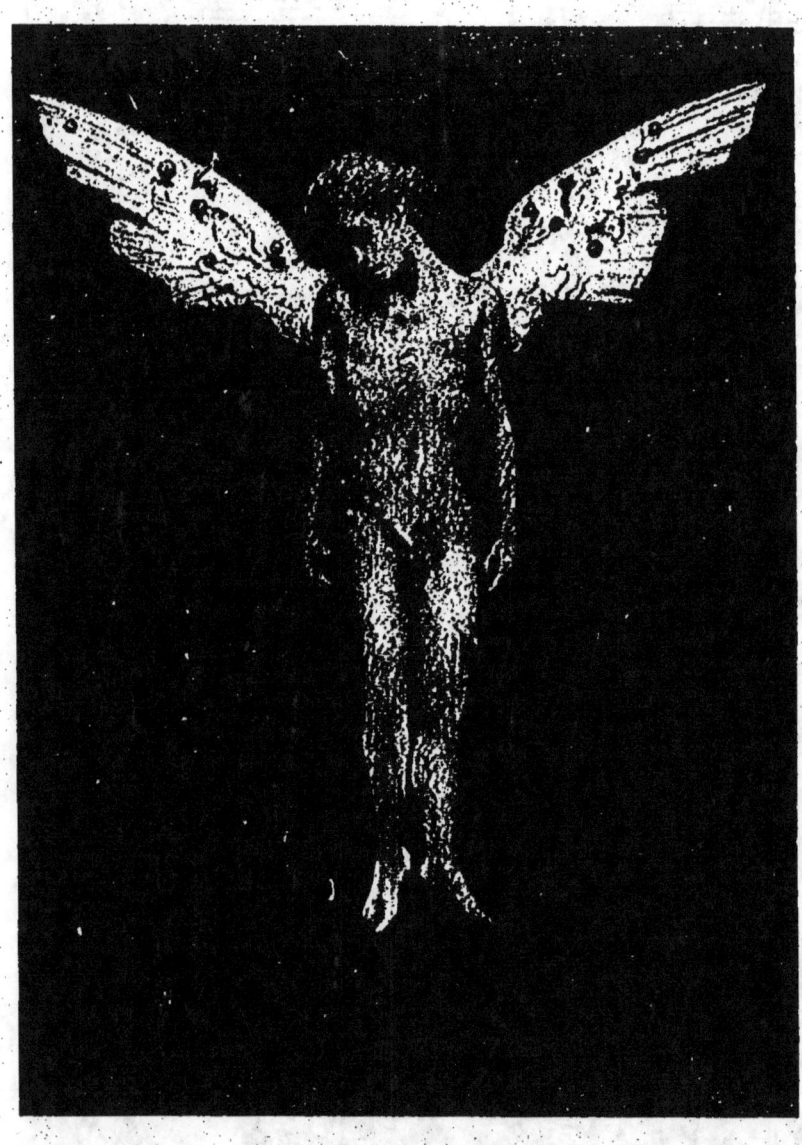

Séon (Alexandre). — *Frontispice pour l'Éthopée* x: *Le Panthée.*

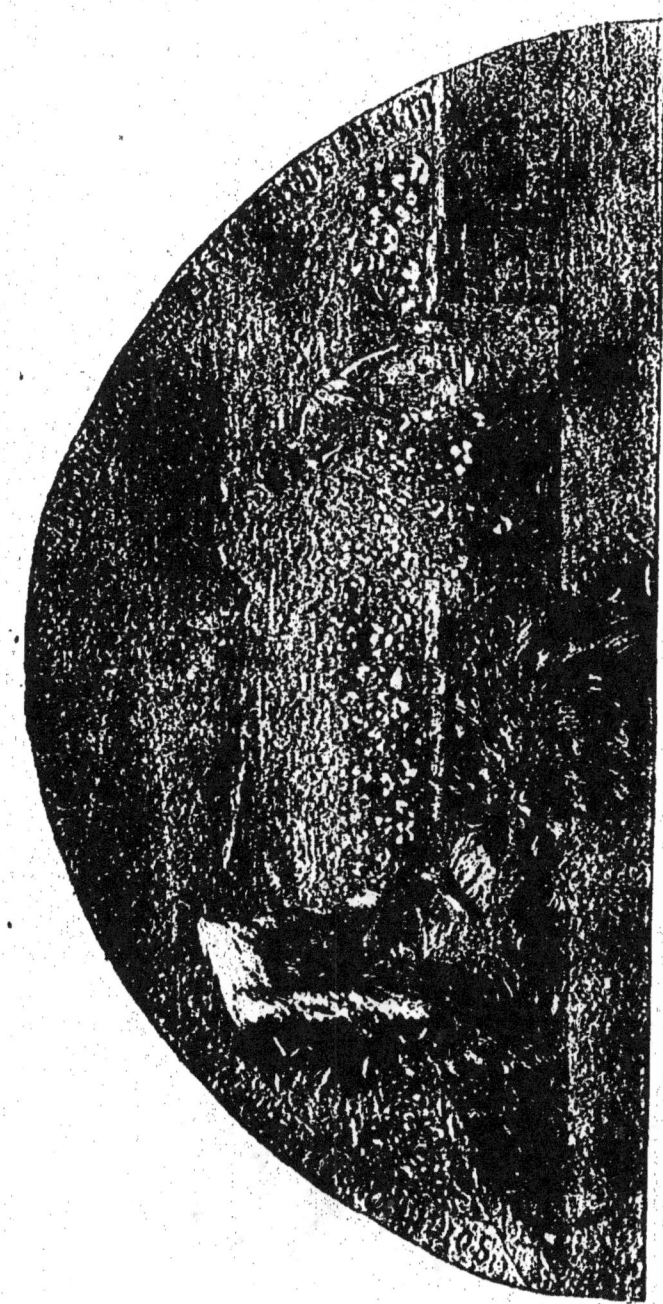

Dathis (Isaac). — *Somne! ques animi crutiatus dulce levamen, da semper utile subsidium.*

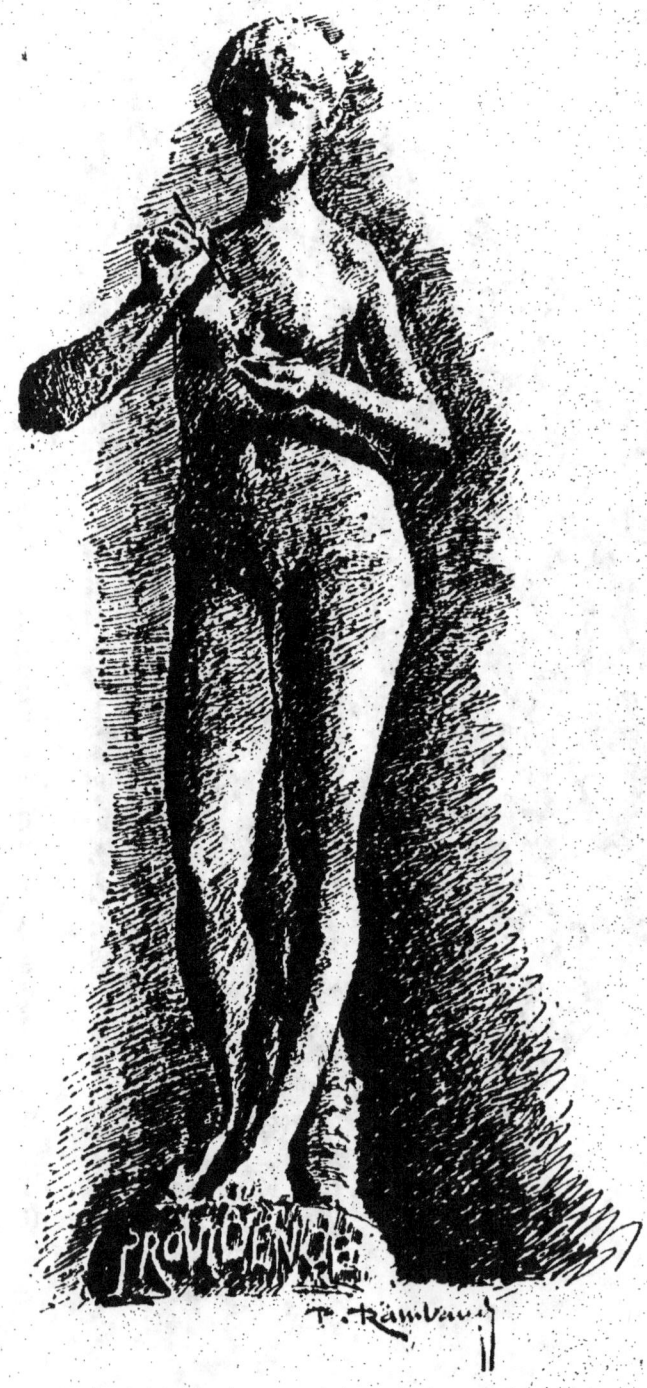

RAMBAUD (Pierre). — *La Providence*

Tours, Imprimerie E. ARRAULT et Cie

PREMIÈRE SOIRÉE

DITE DE

PALESTRINA
LE JEUDI 17 MARS

La Messe du Pape Marcello

DE PALESTRINA
Chantée à Capella, par 40 voix

A PALESTRINA
Louange du SAR

La Sonate du Clair de Lune
Opéra (fragment chanté) de BENEDICTUS

LE FILS DES ÉTOILES
Wagnerie Kaldéenne en 3 actes, du SAR Joséphin PELADAN

AVEC UNE SUITE HARMONIQUE DE ERIK SATIE

200 places : *Prix unique 20 fr.*

DEUXIÈME SOIRÉE

DITE DE

WAGNER

LE LUNDI 21 MARS

LE VAISSEAU FANTOME, 1ᵉʳ et 2ᵐᵉ actes (parties chantées) :

LOHENGRIN — *Le Récit du Graal* ;

LES MAITRES CHANTEURS — *Air d'Hans Sachs* ;

TRISTAN — *La Mort d'Yseult* ;

PARSIFAL — *Extase du Vendredi-Saint* — *Dernier Tableau* ;

LA ROMANCE DES PLEURS (Tränen).

LOUANGE A WAGNER

DU SAR PELADAN

Seconde Représentation

DE

LE FILS DES ÉTOILES

200 places : *Prix unique* 20 fr.

TROISIÈME SOIRÉE

DITE DE

CÉSARÉE FRANCK

Sous la direction de

VINCENT D'INDY

Le Jeudi 24 Mars

———

LOUANGE A CÉSARÉE FRANCK, DU SAR

———

SECONDE AUDITION

DE

LA MESSE DE PALESTRINA

———

200 places : *Prix unique 20 fr.*

QUATRIÈME SOIRÉE

DITE DE

BEETHOVEN

QUATUORS *(Les deux derniers)*

Marche antique pour la Rose✠Croix

De Biin GRALLON

PRÉLUDES SUR DES THÈMES D'ORIENT

De Biin GRALLON

PARTIES DE PIANO

De BOURGAULT DUCOUDRAY

LOUANGE A BEETHOVEN, DU SAR

Troisième Représentation

DE

LE FILS DES ÉTOILES

200 places : *Prix unique* 20 fr.

CINQUIÈME SOIRÉE

DITE DES

ÉLÈVES DE CÉSARÉE FRANCK

AU PROFIT DE L'ORDRE

LA QUESTE DU GRAAL

PROSES LYRIQUES

Les romans de *Décadence latine*

DU

SAR JOSÉPHIN PELADAN

Un volume in-18, avec dix dessins et un portrait

par SÉON . . . . 3 fr. 5o

SE VEND AU SALON DE LA ROSE ✠ CROIX

LE FILS DES ÉTOILES

Wagnérie Kaldéenne en 3 actes

DU

SAR JOSÉPHIN PELADAN

A été refusé à la Comédie Française, le 3 mars 1892, par M. Jules CLARETIE, en ces termes très aimables :

CHER MONSIEUR,

J'ai lu le premier acte du Fils des Étoiles. *C'est un poème dialogué, d'une belle langue savante, mais ce n'est pas un drame. Je ne crois pas que, continuant sur ce ton, vous puissiez faire œuvre qui rencontre un théâtre pour être présentée au public. Votre pièce est quelque chose comme de la musique littéraire, elle ne s'adresse qu'à quelques artistes, et je dirai presque à quelques initiés.*

Vous me demandez mon sentiment très net, je vous le donne. Vous ajoutez qu'il peut être sévère. Non, il ne l'est pas. On a toujours un faible pour une œuvre d'art.

Croyez, je vous prie, cher Monsieur, à ma sympathie littéraire, et au plaisir que j'ai à lire vos livres, moi qui ai connu Eliphas Lévy, il y a déjà longtemps.

Très cordialement à vous.

Jules CLARETIE.

3 mars.

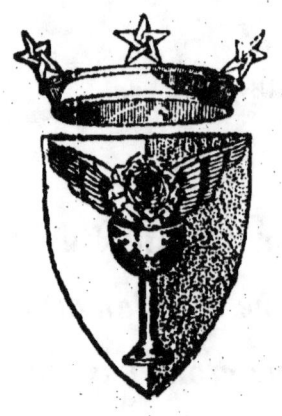

Tours. — Imp. E. Arrault et Cⁱᵉ.

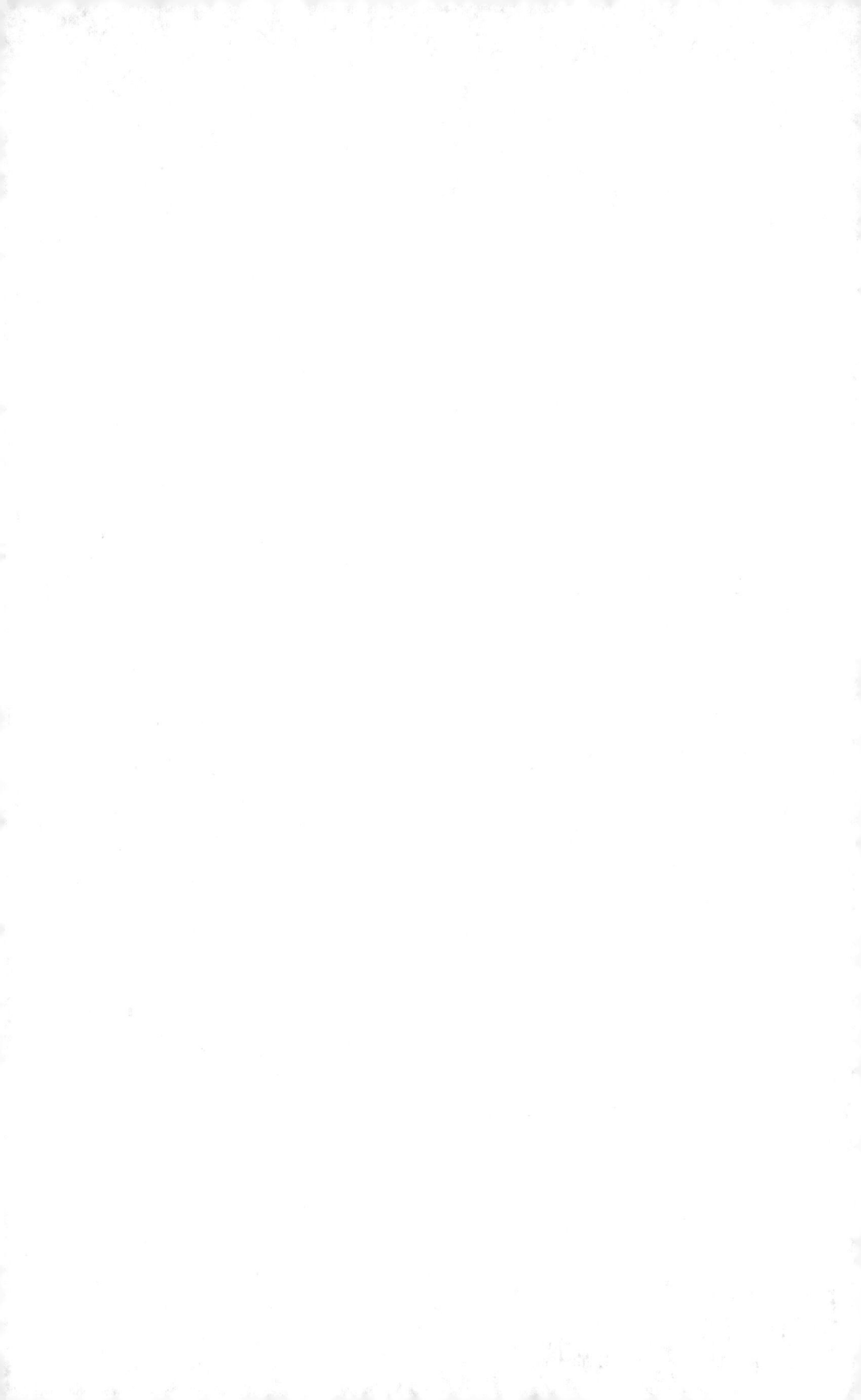